慎海雄 主编

当代岭南文化名家

DANGDAI LINGNAN WENHUA MINGJIA

陈翘

陈翘 管琼 编著

SPM
南方出版传媒 广东人民出版社
· 广州 ·

图书在版编目（CIP）数据

当代岭南文化名家. 陈翘 / 陈翘，管琼编著. —广州：广东人民出版社，2018.3

ISBN 978-7-218-13270-9

Ⅰ. ①当… Ⅱ. ①陈… ②管… Ⅲ. ①文艺－作品综合集－广东－当代 Ⅳ. ①I218.65

中国版本图书馆CIP数据核字(2018)第281470号

DANGDAI LINGNAN WENHUA MINGJIA·CHEN QIAO

当代岭南文化名家·陈翘

陈翘　管琼编著

出版人：肖风华

责任编辑：古海阳
责任技编：周　杰　吴彦斌
装帧设计：书窗设计
赵焜森／钟清／张雪烽

出版发行：广东人民出版社
地址：广州市大沙头四马路10号（邮政编码：510102）
电话：（020）83798714（总编室）
传真：（020）83780199
网址：http：//www.gdpph.com
排版：广州市友间文化传播有限公司
印刷：广州市人杰彩印厂
开本：787毫米×1092毫米　1/16
印张：13.75　　字数：220千
版次：2018年3月第1版　2018年3月第1次印刷
定价：68.00元

如发现印装质量问题，影响阅读，请与出版社（020-83795749）联系调换。
售书热线：（020）83795240

《当代岭南文化名家》丛书编辑委员会

前　言

　　五岭之南的广东，人杰地灵，物丰民慧。自秦汉始，便是沟通中外的重要门户，海上丝绸之路即发祥于此。近代以来，中国遭遇外来侵略，一批有识之士求索救国图强，广东成为民主革命的策源地。进入20世纪70年代，广东敢为天下先，以杀出一条血路的气魄，成为改革开放的前沿地。钟灵毓秀，得天独厚，哺育出灿若星辰的杰出人物，也孕育出独树一帜的岭南文化。谦逊、务实、勤勉的广东人，用他们的智慧和力量，悄然推动着中国历史的进程，也赋予了岭南文化不拘一格、不定一尊、不守一隅的丰富内涵和特质，成为中华文化的瑰宝。

　　改革开放大潮涌起珠江，广东的经济社会发展取得了巨大成就，涌现出一大批德艺双馨的文化名家，在文学、音乐、美术、建筑等众多领域取得开拓性成就，岭南文化绽放出鲜明的时代亮色。今天，我们又面临一个新的、更大的历史机遇——实现中华民族伟大复兴的中国梦。习近平总书记在文艺工作座谈会上指出，实现中华民族伟大复兴需要中华文化繁荣兴盛。广东如何响应要求，创作无愧于时代的优秀作品？省委常委、宣传部部长慎海雄同志就此提出，要按照中央和省委省政府部署，大力推动文化创新，打造岭南文化高地，打造一批弘扬中国精神，具有中国风骨、岭南风格、世界风尚的精品力作，形成一支规模宏大、门类齐全、结构合理的"文化粤军"，并主持策划了《当代岭南文化名家》大型丛书。

　　记录当代，以启后人。本丛书以人物（文化名家）为线索，旨在为当代岭南文化名家提供一个集体亮相的舞台，展现名家风采，引导读者品鉴文艺名作，深切体悟当代岭南文化的独特魅力，提升广东民众的文化自信和地域认同，弘扬新时期的广东精神，为广东全面建成小康社会、书写中国梦的广东篇章提供源源不断的文化驱动力。

为此，我们从文学、绘画、雕塑、音乐、舞蹈、戏曲、影视、新闻出版、工艺美术、非遗传承等领域，遴选出一批贡献卓著、影响广泛的广东文化名家。他们之中，既有土生土长的"邑人"，也有长期在广东生活、工作的"寓贤"。我们为每位名家出版一种图书，内容包括名家传略、众说名家（或对话名家）和名家作品三大篇章，读者可由此了解文化名家的生平事功、思想轨迹、创作理念、审美取向和艺术造诣等。同时，我们将结合多媒体技术，在视频制作、名家专题片、影音资料库和新媒体推广等方面大胆创新，多形式、多渠道地向读者提供新鲜的阅读体验。

我们深信，当代岭南文化名家丰富的文化实践，一定会编织出一幅底蕴深厚、内容丰富、精彩纷呈的文化长卷，它必将成为一份具有重要历史和现实意义的文化积累，价值非凡，传之久远。

《当代岭南文化名家》丛书编委会

2016年6月

◎ 陈翘

　　陈翘，1938年出生，1949年参加革命文艺工作，1956年开始从事舞蹈事业，几十年来创作了大量优秀的舞蹈作品，代表作有《三月三》《草笠舞》《喜送粮》《踩波曲》《摸螺》等，其作品构成了中国黎族舞蹈系列。作品《三月三》是首个展现黎族人生活的舞蹈，在全国专业团体会演中引起轰动；作品《草笠舞》，1962年获第七届芬兰赫尔辛基世界青年联欢节舞蹈比赛金质奖章，后入选"中华民族20世纪舞蹈经典作品"。2009年，在中国舞蹈家协会成立60周年大会上，荣获卓越成就奖；2010年，荣获广东省首届文艺终身成就奖；2014年，荣获第九届中国舞蹈"荷花奖"终身成就奖。2016年中央电视台主办"光荣绽放——十大舞蹈家舞蹈晚会"，陈翘与中国当代最具代表性的舞蹈家贾作光、彭松、陈爱莲、赵青、白淑湘、刀美兰、吕艺生、崔善玉、莫德格玛等共同出席。晚会在回顾中国舞蹈历史进程的同时，见证了优秀舞蹈艺术的传承。晚会对陈翘的介绍是：在人们眼中，她被称为"黎族舞蹈之母"，与舞蹈家贾作光先生合有"北贾南陈"的美誉。

目　录

第一篇

陈翘传略

管 琼

引子

　　1938年夏秋之际，广州上空轰鸣着日本的侵略飞机，在爱群路的一间民房里，一个女婴呱呱坠地，父母为孩子取名陈霭翘，日后参加工作时被一位嫌麻烦的干部改名为陈翘。父亲陈彩生，潮安人，毕业于黄埔军校，曾任潮安县军事委员会主任兼国民抗日自卫总队队长。1944年，38岁的陈彩生在执行任务时，遭遇日本军队，以身殉国。母亲余群环，潮汕澄海中学第一批女学生，在老师杜国庠引导下，为追求理想，改名为余挥剑，意为"斩断旧世界，迈向新生活"。在家庭的影响下，陈翘从小个性刚强，爱憎分明。

　　1950年1月1日，陈翘离开潮州金山中学，正式加入汕头文工团，成为革命队伍中的一员。中华人民共和国成立之初，全社会开展"清匪反霸退租退押"八字运动，作为汕头市"八字运动"第一工作团第六分队队员，陈翘与大家一起开赴揭阳梅岗区，开展"反霸"运动。在乡村，她跟着工作组的大人，发动儿童参加"反霸"、批斗地主；同时，接触到大量的农家生活和乡间习俗。"闲间"是潮汕男人农活之余，聚在一起喝茶、讲古、拉弦的一种乡间休闲娱乐形式，孩子们在这里听历史故事、民间故事，了解历史，了解现实。潮州歌册则是农村妇女学习做人、学习礼义廉耻的老师。妇女们在空闲时相约聚集，一边织网、绣花、纺线，一边唱歌册。听唱歌册，也成了陈翘最早的民间老师。

　　50年代初期，为了配合土地改革的形势，文工团奉命改组，成立潮汕文工团。首要任务是排演新戏——第一部以潮州方言演出的歌剧《赤叶河》，为解决管弦乐队力量不足，所有的中西乐器全部都用上，陈翘和几个没有角色任务的小团员按照要求加入乐队，从零开始练习小提琴。《赤叶河》的首场演出获得了巨大的成功，一连219天的不间断演出，观众达到60多万人次。在庆功会上，团长林澜说："这就是文艺的感染力，我们就是要坚持文艺为政治服务，为人民大众服务。"

当时的陈翘对这番话还有些不太明白，但是文艺与老百姓的关系，已经在心里扎下根。在以后几十年的舞蹈创作中，她坚持的正是这样一个原则，文艺离不开老百姓。

潮州方言歌剧《赤叶河》演出的结束，正逢文化部关于全国文工团统一部署整编，成立专业团体。潮汕文工团随之解散，从中抽调部分同志到潮剧团，配合戏改，同时学习传统艺术，为接下来的潮汕地区专业团体的成立培养骨干。所有来到潮剧团的剧改人员被要求"六同"（同编、同导、同演、同吃、同住、同劳动）。经过了"反霸、退租、退押"运动以及土改、复查、"三反""五反"的政治运动的洗礼，陈翘的革命经验已经相当丰富，一切行动听组织指挥。1952年下半年，陈翘与其他四位同志分配到正顺潮剧团，陈翘的主要任务是学戏：学唱，学听，学身段。

在随后六大潮剧团举行的"旧剧目观摩会演"上，陈翘在新戏《幸福山》中扮演狐狸，表演另辟蹊径，将一只古灵精怪、心事丰富的狐狸，表现得情趣盎然、栩栩如生，潮剧传统剧目里，从未有过如此鲜活的形象。陈翘的表演令台下的新老潮剧观众耳目一新，她因此获得"百花齐放，推陈出新"表演奖。然而，正是这次会演，陈翘参与的两段潮剧唱念表现却不尽如人意，走调、撞板，成为会演的一大笑谈。在潮剧团的学习期间，凡是动作、身段，一学就会一看就懂，但是，在唱念方面却显出了天分不足。从此，陈翘埋下了一生的艺术方向：舞蹈事业。

不久之后，时任广东省文化局副局长林山带队来潮剧团检查工作，陈翘与他有了一个简短而改变一生的对话。

"林山同志，我不想在潮剧团，我想跳舞。"

"现在海南成立歌舞团，需要人，你去吗？"

"我要去。"

陈翘不知道海南在哪里，但是只要能够跳舞，即使是天涯海角也无所畏惧。

有趣的事情发生在她正式离开潮剧团的前一个晚上。虽然已经得知几位采风的同志带来了调令，但是，陈翘心情迫切，担心夜长梦多，她连夜悄悄爬上停在路边的大货车。这是第二天他们要乘坐的车，她缩在车厢的角落里，度过了出生以来最漫长又最短暂的一夜。随着黎明到来，陈翘迎来了自己选择的全新的人生。

　　这一年，陈翘15岁。

第一章　跳进舞蹈

▌ 海南民族歌舞团

　　为发展中华人民共和国的民族文艺事业，1953年7月1日，海南歌舞团在海口正式成立。成员由原南方大学海南分校文工团及东江文工团的部分艺术骨干组成，歌舞团归海南行政区党委领导。一年后，歌舞团搬到海南黎族苗族自治区首府通什，并改名为海南民族歌舞团，歌舞团定位在民族特色。初建的歌舞团急需各类艺术人才，他们委托兄弟单位华南歌舞团在广州代招新团员并培训，来自汕头的、15岁的陈翘便是这批代招学员中的一个。

　　陈翘随着华南歌舞团采风组一行人抵达广州，在竹丝岗华南歌舞团的驻地住下，以海南歌舞团团员的身份参加华南歌舞团的集训，同样身份的还有两位文艺学院毕业的学生。

　　这是陈翘到广州之后的第一个早晨，她精心挑选了一件红格子的衬衫。尽管衣服已经旧了，但她喜欢格子的图案，显得不平淡。一把木制的梳子反复地梳理着浅褐色的长及腰部的头发，再细细地分成两束，编成精光水滑的两条辫子，扎上橡皮筋，最后，用彩带在辫子的上端系成蝴蝶结。陈翘爱漂亮，穿衣打扮是她的乐事，而且，总能翻出新花样，穿出与周围人不一样的效果来。

　　吃过早饭，陈翘换上练功服，黑色灯笼裤、浅色无领无袖的上衣，精神饱满地走进排练厅。

　　京剧老师端坐在落地大镜子前的椅子上，学员们排队走到老师跟前，双臂上举身体后仰，将腰放在老师的大腿上。老师分别用双手压住学员的双腿和双臂，口里念道"一二三"，同时使劲，等学员起身蹲下时，一掌拍到学员的腰上。这是传统的京剧腰身训练。

陈翘轻盈地后仰在老师的腿上，听见"一二三"之后，陈翘清风一样直立起身体。老师对这个新来的小姑娘相当满意，眼里流露出欣喜，这是个舞蹈的好苗子，柔软度极好。陈翘随即站到踢腿的队伍中，开始练身段。

柔软的身体条件，良好的舞蹈感觉使得陈翘很快在新集体中找到了感觉。现在，潜藏在她身体里的东西正一点点地被唤醒。每一次被老师的目光和言语肯定的时候，陈翘都会更高地抬起下巴，觉得自己的身体四周正在膨胀，一股无形的力量从脚底慢慢地升起来，一直抵达大脑。这感觉实在是太美妙了。

训练是愉快的，因为每一天的训练都让陈翘感觉正在接近心目中最渴望的舞台。这一份期待，让她对每一堂训练课都心存一份狂热的激情，她不知疲倦地跳着、练着，从早到晚，浑身的汗水使得练功服几乎没有干爽的时候。

三个月后，海南民族歌舞团十几个人从海口来到广州，这些人中间有跳舞的、唱歌的、弹奏乐器的。舞蹈演员林文英是他们中间的一个，地地道道的海南人，是陈翘见过的最漂亮的海南女人。身材高挑，皮肤白皙，一头乌发束在脑后，嘴角线条生动，配上一对酒窝，顾盼之间眉目含情，惹人怜爱。更重要的是，林文英的身上有一股说不清的韵味，强烈地吸引着陈翘的视线，总是忍不住多看一眼。

这么漂亮的女演员，无论在台上还是台下都是那么出众抢眼，有她在的场合，其他任何人都不存在了。看着尚不熟悉的林文英，陈翘心情复杂，猜想着她的业务水平，猜测以后团里的女一号将会是谁。

陈翘对林文英的一切相当注意，视为直接的竞争对手，尤其注意她的基本功和业务水平。等到终于看了林文英跳舞之后，陈翘有了结论，原来是一个木头美人，身体硬，不会跳舞，更不会表演，陈翘的骄傲又在心里高高地抬起头。漂亮并不是女一号的保证，重要的还是表演的功夫，自己虽然不漂亮，但眼睛大、灵活，在台上会抓人。陈翘终于放下心，漂亮的林文英很难成为自己的对手。

这一天训练结束后，副团长马明来找陈翘。自从到海南歌舞团开始，小猫变回了陈翘，所有的同事将她的本名还给了她。而马明是潮州人，他依旧叫陈翘"小猫"。

"你是从汕头过来的，那边还有什么人可以推荐？我们缺男演员。"大个子马明从南洋回来，潮州人，作曲家，与陈翘在一起时说家乡话。

陈翘想起在全潮汕的文艺工作者与十五兵团的文工团联欢会上，一个叫阿亮的青年，浓眉大眼，英俊帅气，舞跳得非常好，当时流行泰国的交际舞"喃嗡"，男女二人，女在前，男在后，随音乐翩翩起舞。团里的女演员排队等着与阿亮跳上一曲。

"他现在在哪里？"马明问。

事情很快就有了眉目，这个阿亮，姓刘，名选亮，在普选工作队。随后，省文化局一纸调令把刘选亮调到海南歌舞团工作。

陈翘的偶尔提议，彻底改变了刘选亮的人生。这个根本不喜欢舞蹈的青年人，既不知道海南在哪里，也无从得知海南民族歌舞团为什么会找到他？从小到大，他的兴趣爱好只在文学创作上，从来没有想过此生会与舞蹈有关联。但现在，他默默地接过调令，收拾行李起程。没有喜悦，只有沮丧，极度的沮丧。听天由命的刘选亮，不得不如此接受命运的安排，因为，他不能抗拒。他的家庭背景是他人生道路上最大的障碍，是他将永远背负在肩上的蜗牛壳。

几天后，华南歌舞团排练厅的外面，一个身穿蓝色干部服的男青年正与马明说话，男青年头戴八角帽，一对刚毅的浓眉，黑白分明的眼睛，陈翘认出了，正是那位跳"喃嗡"的小伙子。等马明交代完事情转身离开后，陈翘走上前，她眼睛直视、下巴上翘，围着蓝色干部服转了转，并伸手在他的肩头拍拍，用普通话对刘选亮说："好好干，你是我介绍来的。"

阿亮看着这位似熟非熟的女孩子，有些纳闷她的态度。

这一次见面没有任何异样的迹象，此时的陈翘不知道，阿亮也不知道，在以后的岁月里，他们最终会被命运安排走到一起，而且是那么艰辛的一个过程，这是后话了。

大半年的训练就要结束了，基训汇报演出时，海南民族歌舞团的成员被选中了一对，是林文英和一位漂亮的男演员。

居然不是自己！陈翘的心被狠狠地揪了一把，因为漂亮，林文英就成了海南团的女一号吗？陈翘将所有的不满和嫉妒都写在了脸上，毫不掩饰自己的失望，在排练场看林文英的表演，心里一百个不服气。她心里告诉自己一定要跳得最好，无论如何都要将林文英比下去，哪怕林美如天仙。

在这个新成立的歌舞团里，陈翘的基本功及身体的条件确实是最好的。有事实为证，每次基本功练习，老师总会叫一些人出来示范，陈翘被点名的时候最多。

"陈翘，来一圈前桥。"老师一声指令，小巧的身体立即在排练里翻了一圈前桥，轻盈，流畅。

"再来一圈乌龙搅柱。"

这个动作的要求是躺在地板上，双胯打得开，收得拢，用腰背的控制力。陈翘的展示总会获得满堂喝彩。也正因为如此，落选才让陈翘格外不平，她觉得自己是最好的，理应是女一号，尽管林文英比自己漂亮。

紧接着是回海南的学习汇报演出，由陈韫仪和梁伦老师导演，由海南民族歌舞团的演员完成。这一次陈翘如愿获得了几个机会：在陈韫仪老师亲自教跳的、她的保留节目《阿细跳月》中领舞；在《柴郎与村女》中反串柴郎，村女由林文英扮演；第三个节目是八音舞，陈翘在苗族婚礼舞中扮演新娘；第四个节目是舞蹈《采茶扑蝶》，陈翘演三姐。

这一次的会演，在个人舞蹈业务的展示方面，陈翘获得了极大的满足。由此，她更坚定地确认了自己在海南民族歌舞团的女一号的地位。

▌ 踏浪而来

在广州集训半年之后，海南民族歌舞团一行人，聚集在湛江渡海港口。当了半年海南民族歌舞团的成员，还不知道海南在哪个方向。尽管终于证实了海南人不是猴子，确定了他们没有长尾巴，但那里的太阳真的可以煮熟鸡蛋吗？对海南充满想象的陈翘，上船后完全忘记了自己从小就怕水。第一次被海水托举，漂浮在大海上，迎着潮湿的海风，头发在脑后飞扬，豪情随之灌满全身。

在广州集训的大半年，对陈翘今后的人生来说相当重要。她从一个舞蹈幻想者、爱好者成为了真正的舞蹈演员，现在她的举手投足，都已深深烙下了舞蹈的印迹。此外，还学到了更多舞蹈之外的东西。苏联小说《钢铁是怎样炼成的》对她产生了巨大的影响。从保尔身上，陈翘看到了妈妈的影子，他们都是同一类的人，有着坚定的革命信仰，至死不改。陈翘将保尔·柯察金关于一个人如何度过一生的话刻在了心里，她要做一个中国的女保尔·柯察金。从各类报纸宣传报道上得知，这一时期里，苏联人民正怀着极大的革命热情，开发西伯利亚。在陈翘看来，海南则是中国的西伯利亚，是她的西伯利亚，她就是去开发的、建设的。没有任何困难可以吓倒她。

船靠近了秀英港，海南岛，这就是海南岛！陈翘贪婪地看着眼前的一切。

此时，太阳慢慢坠入大海，五彩的晚霞映满了天空和海面，停泊在港口的帆船、机动船布满水面，如同一幅令人心醉的油画。远处的山坡上是从未见过的高耸的椰子树，以及成行的挺拔的槟榔树。树像一群亭亭玉立的少女，利剑般的树叶在空中半道折回向下，在西下的夕阳照射下，呈现出剪影的效果。

前来迎接的车将一行人带出了港口，他们随即来到海口大街上。说是大街，也就是一条窄窄的马路，街道拥挤、肮脏，两旁是不多的几家商店，偶有几棵椰子树、棕榈树，沿路而立。天渐渐黑下来，街上的路灯零零星星地亮起来，显出一片昏暗与寂静。相比刚刚离开的广州，尽管有让海南人自豪的五层楼，但海口充其量就是一个小城镇。

然而，歌舞团却在更远更落后的通什，陈翘不伤心，只盼着尽快到达通什，尽快到达海南民族歌舞团，尽快地排练跳舞，跳学过的舞，跳还没有学过的舞。想到跳舞，陈翘的心里就溢出美来。

8月的海南，阳光刺得人睁不开眼，风从四面吹来，火一般烫在人的皮肤上。一双脚踩在路上，不能停留，地面的温度相当高，是不是可以晒熟鸡蛋、煎熟咸鱼，没有人去试。一路行进，有时有大车坐，有时则只能步行，从海口到通什没有直达的大路，只能从东线绕进去。在陵水，团里的部分男同志需要睡在供销社卖猪肉的大砧板上，虽说砧板既大且平，但整夜被猪肉的腥味熏着，实在不是一件有趣的事。最后到达驻地通什，已是几天后的一个深夜。

原先的通什只是一个十几户人家的小村寨，两年前，自治州州府从乐东迁到此地，通什升级成县。虽然是州府，但只有一个小小的礼堂是砖瓦建的，其他的机关、宿舍都是茅草屋。天黑以后，到处黑灯瞎火的，只有远处的青山依稀可见轮廓。白天，可以见到清澈的南圣河河水下面大大小小的石头和欢快游动的鱼；月光下，河水闪着波光，发出哗哗的流水声。

歌舞团驻扎在南圣河边，先期到达的副团长马明带人盖起了宿舍、厨房、排练厅和简陋的办公室，建筑材料都是就地取材，茅草和泥。四人一间的宿舍，泥巴糊墙茅草盖顶，里面四张木板床。

陈翘开始安顿自己的铺位，没有桌子，没有椅子，屋里的其他三个女孩还在环顾着四周，希望发现有什么可以用来放行李的地方。陈翘转身出去找来两根树枝和一块木板，树枝固定在墙上，同时固定木板，放下来是桌面，不用的时候翻上去。这是陈翘无师自通的本事，总可以找到解决问题的办法。这份能力为她以后下乡与黎胞打成一片，起到了积极的作用。

第一个夜晚来临，有人起夜，随即发出撕心裂肺的惨叫，原来是蛇盘在床脚。这一夜许多人睁着眼睛等来了黎明，又有女孩子在哭。有经验的人教会大家一个驱蛇的方法，用厨房的炉灰堆在床脚，这一招果然很灵，以后再也没有出现蛇。

陈翘没有遇到蛇，但遇到了别的东西。

一个雨天，她一早从床上起身，打着哈欠，双脚穿进床边的水鞋，感觉脚底软软的，本能地抽回脚，一只蛤蟆从水鞋里蹦出来，在房间里一跳一蹦地逃开去。蛤蟆是跳走了，软乎乎的感觉却黏在了脚底。陈翘浑身起满鸡皮疙瘩，一阵阵地干呕。剧烈的干呕之后，居然是大笑，笑到眼泪出来。在她看来，这样的新鲜事相当刺激。

没有电，没有桌子，有许多蚊虫、蛇、蛤蟆，等等。生活中这些困难在陈翘看来都不是困难，她的心结在别处。经过了广州半年的集训，自己的舞蹈天赋已经为大家认可，然而，在海南民族歌舞团里，林文英是无可争议的第一美人，很多时候也就自然而然成为大家眼里的女一号。好胜心极强的陈翘对自己有过详细的分析，形象不好看，但眼睛会抓人，会表演。然而没有想到的事情突然发生了，林文英要离开歌舞团，回海口去结婚嫁人。陈翘心急火燎，第一时间跑到林文英的宿舍。

"你这么年轻，嫁人的事情以后再考虑不迟。再说，一结婚，你还能回来跳舞吗？"陈翘游说没有结果，尽管林文英的离开，从某种意义上说，对自己更有利，再无人可以撼动她的女一号地位。但陈翘从心底里为18岁的林文英可惜，为她断送了舞台上的前程而可惜。

"你不喜欢站在舞台上的感觉吗？台下的人都为你鼓掌，多风光啊。"这是陈翘一贯的看法，她为此陶醉。

"女人总是要嫁的，迟嫁不如早嫁，趁现在还年轻漂亮。年纪大了，谁知道还有没有人会喜欢我呢？"林文英想得很实际。

"太傻了，你不觉得离开歌舞团才是真的错过了大好机会吗？"陈翘痛心疾首。

林文英去意已定，所有的劝说都毫无意义。林文英走出歌舞团的大门，背影在门前的南圣河边一路飘移远去。陈翘突然有些失落，原先还有一个时时刻刻可以较量的对手，现在只剩下自己，内心竟有了一丝的孤单。但她的决心依旧未变，她不仅要跳女一号，还要学习编舞。

◎　初到海南歌舞团的陈翘

第二章　创造黎族舞蹈

▍第一次为创作舞蹈下乡体验生活

1956年2月下旬，海南民族歌舞团召开大会，宣布关于参加全国少数民族专业团体调演的通知。所有的演员都进入紧张的排练，创作小组准备下乡体验生活，搞创作。陈翘觉得这是一次机会，找到领导马明，要求一同下乡。

"我们演员也应该体验生活，这样才能在舞台上更好地表演。"陈翘认真地说。

第一次跟着创作组下乡的陈翘，除了嘴上说的理由之外，心里还藏着自己的秘密：她要试一试，看看能否编舞，看看团里那些编舞的前辈是怎样创作的。虽然林文英已经离开，在这个团里，无人可以动摇她女一号的地位，但她不满足于此，创作的潜流开始涌动。更为迫切的理由是，每一次下乡演出，看完维吾尔族、蒙古族、藏族等少数民族舞蹈之后，总会有黎族的姐妹来问："为什么没有我们黎族的舞蹈？"陈翘一次次被触动。一个民族歌舞团，有没有自己所在地区民族的舞蹈，这不是演员考虑的事情，但陈翘将这样的问题记在了心里，她觉得该试一试。

歌舞团的创作组在东方县城碰到下乡搞创作的海南军区文工团的编导们，两队人马十来个人合成一组，18岁的陈翘第一次为创作舞蹈下乡体验生活。汽车停在东方县县城所在地东方乡，接下来，通往目的地西方乡西方村的路只能靠步行。

一行人将行李和马灯放在了前来接应的牛车上，牛车有着两个巨大的木制转轮，缓慢而吱吱呀呀地转动着。大家戴着草帽一路跟着牛车，陈翘浑身有用不完的力气，有时她会停下来，看着漫山遍野的飞机草在干爽的北风里摇曳，便觉得满心欢喜。

陈翘对下乡并不陌生，自从12岁参加革命，她有大部分的时间是在乡下。反霸、退租、退押、土改、复查等运动，让陈翘对农村充满了感情，对农民充满了感情，也学会了许多农活。但这一次不同，海南毕竟不是潮汕，黎族同胞不是潮汕乡亲，虽然不需要与黎族老乡同吃，但需要同住同劳动，而最大的困难是语言不通。

下午4点，队伍到达了村口。首先看到的便是一棵巨大的榕树和榕树下一群喧闹的光屁股小孩，衣服以黑色为主的男女黎胞分散在四周。人人脸上都是好奇的神色，女人的表情格外丰富一些，除了好奇还有几分害羞和腼腆。迎上来的人是村长，讲着生硬的海南话。陈翘的眼光被一个男孩吸引了，他正目不转睛地望着这一群衣着打扮与他不一样的人。陈翘走过去拉他，男孩迅速将手缩了回去，一脸羞怯。陈翘笑笑，用海南话问他几岁了，叫什么名字。男孩终于露出了笑容，转身跑回一群孩子中间。

几个女孩子倚在茅屋门旁，胯部自然向外送出，身体呈现出曲线，侧着脸，一双黑眼睛与孩童一般纯真无邪。等到与陈翘的目光相碰，她们立即垂下眼帘，抬起手捂着嘴角。陈翘的心仿佛被什么握住了，女孩们的神态娇柔羞怯，是那么的美。

村长指着一个小女孩告诉大家，她今天要结婚，新郎上山放牛去了。众人一阵大笑，明明是个小女孩，怎么就是新娘呢？

原来，这是黎族的习俗娃娃亲，小孩子从小被父母包办婚约，订婚仪式相当隆重。仪式结束后，两个孩子各自回家与父母同住，也就是女孩不落夫家。随着孩子成人，参加一年一度的"三月三"节日，直至女方怀孕，才被夫家接回同住。

黎寨里竟有如此浪漫的爱情节日，兴奋的陈翘抢着追问村长，什么时候才是"三月三"。村长说再过几天。大家迫不及待地要求组长等到"三月三"之后再离开。陈翘开心呀，满脑子里都是想象中的男女青年对歌约会的画面。她喜欢爱情，喜欢美的事物，眼前黎寨里尽管随处见到鸡鸭鹅猪狗牛羊，以及它们随地拉出的粪便，但寨子里的人与刚刚听到的"三月三"，足够吸引她要好好地等到那一天的到来。陈翘最喜欢各种民俗活动，小时候，她半夜被妈妈抱起来看经过家门口的游神队伍。睡眼惺忪中，她只要看见穿着漂亮衣服的女孩子，立即就清醒过来，睁大眼睛看着。

6岁男孩的订婚仪式开始了，这一晚，陈翘领略了黎族同胞的热情与好客，第一次知道了什么叫"边"（黎族话，即酒），"唠边"即是喝酒。订婚仪式是全村人的狂欢。陈翘被几个黎族男女青年围住"唠边"，他们反复做一个动作，用手指着酒碗再指指嘴，做一个仰头的动作，示意她必须喝干碗里的酒。陈翘哭笑不得，被几个人揪住头发强行灌进了一大碗酒，酒下肚的一刻，便好似一团火在身体里面烧起来。"唠边""唠边"，四周一片起哄声，接着是第二碗，等到第三碗灌下，陈翘已经不省人事，烂醉如泥瘫倒在地。尽管此后几天都是头重脚轻，但她赢得了黎寨最热情最真诚的欢迎，尤其是那些女孩子，已经视阿翘为亲姐妹了。

在西方村住下后，白天的任务是和村民们一起打飞机草，割下来堆成堆，当作肥料。夜色笼罩着乡村时，晒谷场上挂起几盏马灯，一个简易的舞台就完成了。联欢会是拉近与村民关系最好的纽带，创作组表演节目，没有道具、服装，这并不影响陈翘跳舞，她甚至将平时练功的动作也作了表演。村里民歌组的姑娘们平时羞羞答答，只要开口唱歌，她们的神情就坦然了。原汁原味的黎寨民歌，如同天上的月亮，流淌出清辉，宛如天籁在夜晚的寨子里回响。

演出结束，黎族姐姐百波利拉着陈翘的手，往寨子深处走去。

一轮明月正挂在中天，四周的树影在清风中微微摇摆，发出轻轻的声响。偶尔远处传来一两声狗叫声，打破寨子的寂静。

"阿公呀，睡了没有？"在一个茅屋门外，百波利大声问，"阿翘要来听你讲故事呢。"

"进来进来。"屋里传来一个老人的声音。这些天，陈翘已经成了黎寨里最受欢迎的人之一，老老少少都认识得差不多了。

"我来听你讲故事。"白天的时候，已经听人说起了，老人有很多的故事，这让陈翘挂念。她喜欢听故事，怀念在潮汕的乡间听歌册的时光，常常等不及就去借歌册看，一定要快快知道故事的结尾。

"你喜欢呀。"老人的海南话讲得不是很好，讲故事中间总会有听不明白的地方，陈翘不追究，只是鼓励老人讲下去。百波利也在一旁听得入迷，常常忘了翻译。

第一次见到黎族女孩子满身满脸的刺青，陈翘着实被吓到，问了姐妹们，都讲不清楚，只是说女孩不刺青，不被祖宗认的。

老人清清嗓子，缓缓地说："很久很久以前，海岛上发了一次大洪水，洪水过后，只剩下一对躲在葫芦瓜里的兄妹。但兄妹是不能成婚的，兄妹俩找到天上的雷公讨主意。雷公说，你们俩各自朝东西方向走，见到的第一个人就可以结婚。兄妹俩第一次相遇后认出对方。第二次，雷公单独告诉妹妹，让她在脸上和身体上刺满纹饰。兄妹俩终于再次相遇，哥哥已经认不出刺满纹饰的妹妹，于是，兄妹俩结婚后生下一团肉。他们将肉团切成大小几块，大的扔到远远的地方，变成了汉族，小肉团扔到山上成了苗族，剩下的一块成了黎族。从此以后，黎族妇女就遵守祖训，文身。"老人的话慢条斯理的，在这个寂静的黎寨里，陈翘觉得自己浑身的毛孔都变成了耳朵和眼睛，不仅听了故事，似乎也看见了远古时代丛林中的那一对兄妹。

"黎族妇女文身的传说很多，"老人吸一口烟，停了停，接着说，"很久以前，一位漂亮的黎族女子，被外来的汉人看见想娶回去。黎家女子坚决不从，她用路边的荆棘在自己的脸上身上乱刺，结果满脸满身留下了青色的花纹，如此吓退了有非分之想的汉人。女子与自己的心上人结婚生下女孩后，为了避免同样的遭遇，她给女儿文身文脸。习俗就这样传了下来。"

"为什么男人不需要呢？"陈翘问。

"这是祖宗的规矩。"满脸皱纹的老人神情肃穆。

与老人分别后，已是夜深。屋外一片漆黑，寂静无声，连狗也都睡去了。陈翘一路走回小屋，想着要将故事记录下来，想着明天继续听老人讲故事。这些完全陌生而神奇的故事，实在是比在潮汕时听到的历史故事还有吸引力。

陈翘在笔记本上记下老人绘声绘色所讲的故事。几天之后，陈翘的笔记本上，除了民间故事，还有一些巫公巫婆跳鬼时候的动作，以及黎族女孩子们的体态特点。陈翘下乡做笔记的习惯就这样养成了。

▌采风的日子

作为海南岛上主要的少数民族，黎族分布在中南部的广大地区，东接万宁、琼海，北靠儋州、澄迈和屯昌。黎族没有文字，只有语言。黎语分哈、杞、润、美孚、赛五个方言，这就形成了黎族的五个支系，每个方言再分出几种土语。比如东方县西方乡的黎族说美孚方言，习惯称之美孚黎。

十里不同天，三里不同话。方言的复杂，使得初次上岛的汉人相当不习惯，尤其是下乡与黎族同胞直接交流沟通。除了用心学习，还得加上一点天赋，陈翘在语言方面的困难似乎比别人小。还在广州学习的时候，她就已经跟着海南的团员学习海南话。以后下乡接触黎胞，学习效果相当明显。短短的时间里，她不但可以讲海南话，对黎方言里的某些土语，也讲得地道。

第一次到西方村，陈翘学会了一句黎话："有鸡蛋吗？"

有模有样的问话，使得黎族老人格外地高兴，老人不仅给了她鸡蛋，还拉着她的手叽叽哇哇。陈翘只得笑着不断地点头，其实什么也听不懂，但她与老乡的感情迅速建立了起来。陈翘有过农村工作经验，下乡与农民打交道，是一件非常愉快的事情。这里只需把握两点：尊重当地的风俗习惯，主动接近农民。从没有离开过村寨的黎族同胞，对外来的汉人既好奇也警觉，只有充分打消他们的顾虑，才能真正获得认同，成为朋友。

黎寨多数是在历史的长河中慢慢形成的自然村，它们散落在各个地方，只有县城与县城之间偶有公路相连。县与村、村与村之间的交通绝大多数是靠老百姓用脚走出的土路，甚至压根无路可寻。

要想获得更多更原汁原味的黎族动律，需要走无数艰难的路，才能抵达保留原始民俗的偏远的黎寨。陈翘不害怕走路，有时甚至感谢崎岖难行的山道，因为在最终无路可走的地方，往往会有意外的收获。比如巫公"做鬼"，巫公在村里身份特别，受人尊敬，逢红白喜事或重大祭祀活动以及有人生病，就需要他们"做鬼"。"做鬼"没有确定性的动作，只是随着鼓点声、借着现场的气氛和巫公当时的状态。手舞足蹈完全是自发的、随意的、即兴的，同时也是庄严的、神圣的。

下乡对于一个未婚的外族女孩子来说，要克服的困难实在是太多了。

这一天，陈翘和刘选亮以及另一位男同志来到一个黎寨，住进大队部的办公室。大队部的四面墙，由泥巴和茅草搅拌而成，办公桌拼成三张床，三人同宿一屋。半夜刮台风下暴雨，不大的办公室里此起彼伏地响起雨水落地的声音，三个人被雷声惊醒，一阵忙乱。三张床离开了墙向屋子的中心地带挪动，很快，雨水继续逼迫三张床向无雨区靠近，最后，三张床紧紧挨着。虽然有蚊帐，但睡在中间的陈翘还是瞪大了眼睛，在哗哗的雨水和轰鸣的雷声中无法入睡，一左一右的两个男人早已鼾声大起，甚至盖过了头顶的雷声……

海南岛属于热带海洋季风气候，光照充足、雨量充沛，旱季、雨季分明。在雨季尤其是在东部山区，暴雨随时会引发山洪，洪水过后，形成山谷间无数条溪流、小河沟，从一个村到另一个村往往需要蹚过数条小溪。陈翘从小怕水，但溪水带来的是清洁和凉爽，身体可以得到休息调整，所以每次看见清澈的溪水总会一路冲到水边。

今天也一样。此时，山里闷热得喘不过气，全身被又湿又黏的空气厚厚地包裹着，远处有轰隆的声音，像是雷声。几个人在向导的带领下，一路紧赶慢赶，眼看着蹚过这条小溪，目的地就到了。

大汗淋漓的陈翘见到溪水欢叫起来，刚要蹲下，后脖领被人狠狠地抓了起来，一个声音响起："快跑！"接着自己的身体也变成了一只布做的娃娃，随着那只手开始往远离水的山坡上飘过去，还没有反应，耳边一声巨响。刚刚还是清澈见底的溪水，转瞬间变成一片泽国，无数的树干、树枝、门板和死鸡、死羊被洪水裹挟着，冲过眼前。

几个人惊魂未定，好久才喘过气，陈翘的心脏几乎停止了跳动，目瞪口呆。

"你怎么知道洪水要来了？"好几分钟后，陈翘问向导。

"你没有听到洪水的声音吗？在上游。"向导一点也不轻松。

原来大家听到的轰隆声并非雷声，而是洪水从上游一路呼啸而下。陈翘看着差不多冲到脚下的大水，缩着脖子感到一阵后怕，要是慢一步的话就没命了。洪水的前锋继续一路俯冲，面前的相对平坦之地成了深不可测的水域，水面慢慢静下来，其中的夹带物也就留在了水里。被泡得巨大无比的死猪载沉载浮，一条肿胀得如门板的死尸被岸边的人打捞上来，用稻草胡乱盖着。而水里的门板和木材之类的可用物品则被村民们捞起拿回家里。几个人还在庆幸躲过一劫，但很快又面临新的问题，横在村子之间的最后一条小溪沟顷刻间被注满了水，村庄遥不可及了。几个人夹在两大片突如其来的水域中间，进不得退不得。

大家一筹莫展，向导决定游过对岸去找救援。他麻利地朝着上游的方向跑去，然后小心下到水里，顺着河水的流势手脚并用划向对岸。向导上岸消失在对面的树丛中，一段时间后几个人出现，一同带来的还有四只大油桶和两根粗大的绳子。绳子一头绑在了树上，一人带着绳子游过水面，相互连着的四只大油桶被拉过河，绳子的另一头固定在了岸边的树竿上。

油桶成了水面上的小舟，虽说洪水的势头已经过去，但河中间水流依旧湍急。油桶摇晃，人蹲在上面，心提到了嗓子眼，浑身发抖，不敢看混浊的河水，一路念着菩萨保佑。对岸几个熟悉的干部，是区里宣传部的同志，乘坐的车被阻隔了，正等着大水退去。他们冲着河心油桶上的人大喊："坚持，坚持！"

如果天不下雨，等大水退去，这里又是小溪清流，随时可以蹚过。但陈翘等不及了，她宁可早一分钟到村里，看巫公"做鬼"，听姑娘唱歌，听小伙子老头们唱斗牛调，而不愿意在这荒野之地，被洪水生生困住。由于陈翘的坚持，在向导和村民的帮助下，几个人有惊无险地过了河。上了岸的陈翘又手舞足蹈起来，她好不得意地看着身后的大水，一脸开心，全然忘了前一刻的心惊肉跳。

采风的日子是丰富多彩的，但也有诸多生活上的不方便。爱干净的陈翘，下乡的时候，第一件事情通常是去找河水。下河洗澡需要男女结伴，女同志单独下河是危险的，保不准有什么意外事情的发生。此外，选择地形很重要，水岸的大石头必不可少，它可以隔开男女视线，又不阻碍声音的传递，由此可以保持两边人的同步进行。洗前洗后的换衣服是另一个环节，需要技巧。多年的经验，使得陈翘形成了自己的一整套程序。外面套着裙子，里面换衣服。夏天如此，冬天也如此。站在水里，任哗哗流淌的河水洗濯身体，天高水阔，人成了大自然里如树如草的一个生命，真实朴素，就像祖祖辈辈都是在河水里洗澡的黎族同胞，再正常不过。

在岸上穿戴整齐时的黎族女孩们腼腆羞涩，尤其是不敢面对男同志的目光，她们含羞时的神情实在是迷人得很。然而，赤裸着下到水里的黎族姑娘们却仿佛换了个人似的。给人印象最深的是西方乡的百波利，她晃动着身体开心地朝着男同志走过去讨肥皂，毫无忸怩之态，甚至还有一丝对男同志的挑逗。下乡体验生活的男队员们，惊艳之余吓得闭上了眼睛。然而，上了岸的黎族姑娘们立即恢复了娇羞状，不敢与人对视。黎族民俗民风实在有趣。

一个闷热难耐的午后，这一次的队伍中有刘选亮和另外三个男同志，要去的黎寨并不算远，从眼前的一条山道绕过去，一两个小时的路程即可到达。向导的意见是可以穿山而行，其他人没有反对。但向导补充了一句，这雷公山，当地人称蜈蚣山里，蜈蚣最多了。

"有没有危险？"陈翘问。

"路不长，应该不会遇到。"向导很平静地回答。这条山道他走过无数次，他身边的人也走过无数次，极少听到意外之事的发生。

没有异议了，大家都不是第一次下乡，不是第一次走山路，所见所闻也多。上路出发，几个人说说笑笑脚步很快。海南的天气就像孩子的脸，一阵雨说来就来，常常是追着人走。随着一声轰鸣，头顶上方的山洪顺着山道下来了，几个人都是久经考验的老采风队员，并不太在意，只是加快了步伐往前赶。

　　谁也不曾想到，刚刚转过一个弯道，眼前的一切让几个正安步当车的人头发当即一根根地直冲上天，几声鬼哭狼吼，五个人十条腿撒开来狂奔。山道的一边是缓坡，一边是悬崖深谷，到处是树，不过两尺宽的山道上满是积水，水中密密麻麻地挤满了蜈蚣。一条条红绿相间的蜈蚣体长一尺，宽两三寸，它们像是接到了某项命令，全体动员奔赴圣地。蜈蚣们神态专注，刚才是闷热的天气，一路被洪水冲下来，此时蜈蚣在水里正开心地畅游。几个身高腿长的男同志转眼间就跑得不见踪影，陈翘一路尖叫，刚刚看到前面还有一个人手里挥舞树棍，将脚前的蜈蚣挑开，嘴里数着一二三，转眼就空无一人了。陈翘来不及谴责前面的人抛下她不管，也根本没有后退的可能，只能闭着眼睛一脚深一脚浅地跳着前进。说是闭着眼不敢看，其实还得拼命瞪大眼，努力找到脚下一线可以插足的地方。

　　路没完没了，蜈蚣没完没了，心脏狂跳着随时会从嘴里蹦出。脚上的鞋还在脚上，只是那双"海陆空"的鞋，完全无法护住脚背脚趾。所谓"海陆空"，是用橡胶皮做底，两三条胶皮带交叉绑住脚。在炎热的夏天，这样的鞋凉爽方便，随时可以下河清洗，但在今天的特殊场合，这鞋完全放弃了可怜的脚。积水在脚下如火炉前的钢花四下溅开，踩踏着地面和蜈蚣身体的脚底发出了哔哔剥剥的炸裂声。蜈蚣滑腻的表皮碰触到脚上的皮肤，引起人胃部的剧烈抽搐，恶心悸动，但所有的身体反应都不如大脑神经系统来得那么明确，使人要以最快速度逃离此地。此刻，雨刚停，天气昏暗，四周无人，除了布满山道的蜈蚣队伍。

　　时间长到仿佛一百年，又短到只是一瞬间。视线里终于看到不远处的山坡上几个男人的身影，他们悠悠地坐着，甚至还有人手里正举着那根挑蜈蚣的树棍。看见披头散发、脸色惨白的陈翘飞奔过来，他们全都笑了，乐不可支地起哄："啊呀呀，就你最慢啦。"刘选亮也不例外，表情轻松，原地坐着看跑到几乎气绝随时倒地的陈翘。

　　好不容易缓过气来，陈翘的愤怒才开始发作，脸上不知是哭还是笑，但是心里的话还是没有说出来："刘选亮你就是这样追求我的吗？我要记你一辈子。"这个内心充满了浪漫情怀的女子，渴望的是英雄救美人，而不是没心没肺的冷嘲热讽。这时的陈与刘，正处于"三月三"

之后，关系开始变得微妙。

蜈蚣插曲水过无痕，采风的日子还在继续，短短几年里，陈翘踏着一双"海陆空"的鞋，将自治州内的黎苗地区跑了个遍，乐东、昌江、白沙、保亭、陵水、琼中等，对黎族的认识也在不计其数的下乡采风中清晰起来，黎族舞蹈的动律越来越确定了。

▌遭遇山蚂蟥

夏天的时候，陈翘和一位作词人、一位作曲人三人同行，来到白沙县的什运乡。白沙县位于鹦哥岭的西北面，历史上曾发生过著名的白沙起义，当地黎族同胞，在中国共产党的帮助下，反抗国民党统治，取得斗争胜利。黎族同胞认为，起义的胜利既得到了共产党的领导与支持，也得到了大山鹦哥岭的庇护。

鹦哥岭坐落在黎母山的南段，跨越白沙、琼中、乐东和通什四个县。主峰1811米，在白沙元门境内。环绕着鹦哥岭周围有几十个自然村，主要是黎苗族，村民以鹦哥岭为生，代代繁衍，生生不息。鹦哥岭的主峰是一块百米高的巨石，向西的一面寸草不生，远远看去，其状恰似一只鹦哥的嘴，弯钩状，十分锐利，鹦哥岭由此得名。当地有民谣唱道："鹦哥岭顶云雾遮，传说神仙来岭站。"

傍晚，劳动了一天的陈翘走进一户人家，目光被门口的一个竹架吸引住了，竹架是用来放草笠的。平顶圆形的帽身由大块的野生葵叶编成，这种大块的葵叶只有在大山深处才能找到，草笠碗状的顶部用藤编织，帽身两侧分别缝着红丝带。

陈翘向来对美的事物很敏感，她站在草笠前，心中有些东西在萌动。漂亮的草笠，漂亮的黎寨姑娘，这两者之间显然是有联系的。主人家的女孩告诉陈翘，这是追求女孩的小伙子进深山采来葵叶编织成的。在当地，草笠既是爱情的信物，也是劳动的工具。陈翘的眼前灵光闪现，爱情、劳动、姑娘、草笠，草笠是一个媒介，草笠是一个形象，这绝对是个好素材。

见风便是雨，而且一定还是场大雨，这是陈翘的性格。她立即请女孩带她去见各家各式的草笠。

"杞黎有戴草笠的习惯，元门也有。"姑娘告诉陈翘。

什运和元门分属白沙县和琼中县，位于鹦哥岭的两侧，直线距离不远，如果坐车，绕道而走大概要两天；如果翻山走近道，半天就可以了。

"我走近道。"陈翘转身就要离开，她一分钟也不能等。

"你不认路，要找个向导。"姑娘的父亲提醒了陈翘。向导容易找，但向导却不同意翻鹦哥岭。

"山里有蚂蟥。"向导的脸色有些变化，下意识地缩了缩脖子。

向导的畏难是有根据的，据说当年台湾准备"反攻大陆"，前期派出特种兵潜入霸王岭大山深处，民兵地毯式搜山，一无所获，但几天后，台湾特种兵主动投降走出藏身之处。他们在向总部报告时说，一种不知名的小虫咬得他们浑身鲜血淋漓，无处藏身。这种咬得台湾特种兵鲜血淋漓的不知名小虫便是山里的蚂蟥。

蚂蟥在山里的叫山蚂蟥，在水田里的叫水蚂蟥，相比之下，水蚂蟥个子比较大，可以看得见，游在水面像片叶子，叮了皮肤立即有感觉。更可怕的是山蚂蟥，有的细如发丝，不易觉察，它们一头粘在草叶上，一头快速摆动，如有动物或人走过，它们极其敏感的嗅觉就能发觉，迅速地跳到动物或人的身上。只要是上了身，人就遭殃了，它到处乱钻，直到吸饱血为止，原来一条细丝变成食指般粗大。最要命的是，一旦被它叮过，伤口流血不止，甚至若干年不得痊愈。山蚂蟥是破坏人体凝血功能的祸首。

当地人谈蚂蟥色变，而陈翘却有些轻视，她知道黎家人有办法对付小东西的。

陈翘开始打绑腿，紧紧地用绑带一层层地在小腿上缠绕着，然后，再用一整块肥皂擦在绑带和鞋子上，向导又扎了几把"蚂蟥枪"，其实就是在一包盐中间插进一根棍子。盐和肥皂是山蚂蟥的天敌。

"看到身上哪里有，就用它擦。"向导的脸上没有一点笑容。

跟着陈翘准备翻山的只有军区创作组的一位诗人，写歌词的，他多少有些受影响，嘴里嘀咕着："是不是很危险呀，要不要这么紧张呀？"向导双唇紧闭，神情如临大敌，他看着面前的陈翘，担心这个体重只有70多斤的女子爬不了山。

准备停当，两人跟在向导后面，向着鹦哥岭的主峰出发。

6月的海南酷热难耐，而在这凉风习习的山里，空气宜人。鹦哥岭是黎母山的主体山，东北西南走向，长23公里，宽14公里，是海南第二高峰。陈翘不怕山高，高山并不是她脚下的障碍，何况还是绕着山边走。多亏这两年在黎苗地区四处采风的锻炼，她对自己的身体很有信心。

一段平路之后，转进树林，光线立即暗了下来，湿气越发浓重起来。前面的向导突然大叫一声："注意头上！树上有蚂蟥！"

抬头一看，陈翘全身的汗毛就立了起来。原来只注意到脚下，却不知道蚂蟥也会上树，一条条鬼里鬼气的东西在树叶上飞快地晃动。再定睛看看，整个头顶上方的树枝树叶上，无处不有，简直是一个喧嚣的蚂蟥世界。三个人高度紧张起来，开始狂奔，只希望快快地逃离这个山蚂蟥的天罗地网。向导不停地大叫"注意，小心"。这尖锐刺耳的声音越发地让跟随的人魂不附体。山蚂蟥有一个特点，一旦发现目标便即刻跳到猎物身上。一般而言，它专咬队伍中的第二个人，因为它对队伍前头的人还未反应过来。

依旧是尖叫，那飞快晃动的褐色小东西，就在头顶不足半尺的树叶上，紧接着看到第二条、第三条……全在头顶欢快地飞舞。

该死的蚂蟥使陈翘变成了极度受惊的小鹿，在这鸟鸣花香、清风阵阵的山道上哭爹喊娘、慌不择路。死跑！原先被向导担心爬不了山的陈翘，此刻简直是在夺路狂奔。

转过山弯是一道水溪，下到水里总算是可以喘口气了，但脚上事先擦上的肥皂随即被水冲掉，只能回到水边的石头上，立即听到向导的大声警告："注意石头！"陈翘仔细看去，光滑干净的大石块上，是一大片蚂蟥。不仅是岸边的石头上，连水里的石头上都沾满了蚂蟥，到处都是！

　　三个人根本就没有觉察到上山道路的陡峭，两个小时就这样在剧烈的蹦跳运动中过去了。终于来到向阳的山坡上，眼前的景色突然大变，明媚耀眼的阳光下，山坡缓缓舒展，没有一棵树，只有无边的青草。石头间一些五颜六色的野花，在微风的吹动下，轻轻地摇晃着。天空碧蓝，大朵的白云变幻着，忽而似牛忽而像马，世界是那么宁静、祥和，仿佛天堂。

　　大家都瘫倒在草地上，大口喘气，向导的脸上总算有了一丝笑容，声音也温和了许多："好啦，再也没有蚂蟥了，你们放心吧。"

　　陈翘的脑袋还在剧烈地轰鸣着，那是夺路狂奔造成的。鹦哥岭就这样一口气翻了过来，不佩服自己都不行，陈翘缓过劲来，对向导夸口说："你看，我说可以过嘛。"老实的向导嘿嘿地笑。诗人嘲笑陈翘："是呀，刚刚是谁在鬼哭狼嚎啊，现在神气了。"

　　陈翘一不怕苦二不怕山高，经过这一次的正面遭遇，她对山蚂蟥的恐惧达到极点。队伍继续向前，一段路之后，陈翘觉得脚后跟黏糊糊的有异样，心想并没有踩到水呀。情况越来越严重，鞋子里面全都湿了。坐下解开绑带，一条手指粗的蚂蟥滚落到地上，小腿肚上有一个出血点，血依旧在往外冒。

　　看着地上滚圆的蚂蟥，陈翘一阵干呕，眼泪汪汪，这伤口在以后的几十年中，始终未能痊愈，在每一个下雨天发作，又痛又痒，挠也不是不挠也不是。这伤口也是一个代价，获世界金质奖章的作品《草笠舞》便是由它换来的。

五六十年代的民族民间舞

20世纪的中国民族民间舞蹈第一个高潮是在40年代，当年最显著的标志是延安新秧歌运动。

1942年，毛泽东发表了《在延安文艺座谈会上的讲话》，并在鲁迅艺术学院给学员们作了重要讲话。针对当时文艺界的创作有重西洋轻民族的倾向，毛泽东指出陕北的民间艺术十分丰富，文艺家要到群众中去采集挖掘，向群众学习，走出小鲁艺，走进大鲁艺。毛泽东的讲话，为当时广大的文艺工作者指明了方向，一时间，陕甘宁各地的专业和业余文艺团体，纷纷组织秧歌队。他们在民间秧歌的基础上，去掉传统秧歌中封建色情等不良内容，加入工农商学兵的新形象，创作了大生产军民互帮互助的新题材秧歌。两年后的1944年春节，延安举行了规模空前的新秧歌活动，活动得到毛泽东的高度肯定，播及全国。

在西南后方的重庆，1946年，一场"边疆音乐舞蹈大会"的举行，使得出生于西印度群岛的华侨舞蹈家戴爱莲家喻户晓。这位在英国学习芭蕾舞和现代舞的年轻舞蹈家，怀着对祖国的感情，经历千辛万苦，取道香港回到祖国内地。她编创了许多反映中国人民抗击侵犯者，誓死保卫祖国的舞蹈作品，深受国内广大老百姓欢迎。

戴爱莲是挖掘、整理、研究我国民族民间舞蹈的先驱者。1941年到1945年间，她陆续深入到广西大瑶山、西康等地区，收集研究少数民族舞蹈，经她整理、创作的民族民间舞蹈有：《瑶人之鼓》《哑子背疯》《嘉戎酒会》《马车夫之歌》《傈傈情歌》《春游》《巴安弦子》《苗家月》《羌民端公跳鬼》《坎巴尔韩》《拉萨踢踏舞》以及秧歌剧《朱大嫂送鸡蛋》等。1946年春，在重庆育才学校的师生协助下，举行了

"边疆音乐舞蹈大会"，演出了藏族、彝族、维吾尔族、羌族、瑶族、汉族6个民族舞蹈，轰动山城。戴爱莲被称誉为"边疆舞蹈家"。

戴爱莲深受西方人类学家们的影响，从文化人类学的角度出发，带着西方更先进的文化观走进民间，向民族民间舞蹈音乐学习。在随后的全国几大城市巡回演出中，戴爱莲的作品和她的文艺创作观，得到了更多国内舞蹈工作者的理解与接受。一时间，边疆舞风靡，大批的文艺工作者走进民间，采集整理丰富的民族民间文艺资源。

40年代还有一位全国著名的维吾尔族舞蹈家康巴尔汗，这位美貌绝伦、舞姿惊艳的舞蹈家，曾在苏联学习芭蕾，并与著名的芭蕾舞大师乌兰诺娃同台演出，获得斯大林等苏联国家领导人的高度评价。1947年9月康巴尔汗随新疆青年歌舞团赴上海、杭州、台湾等地巡回演出，获得梅兰芳、戴爱莲等文化界名人的赞许。她的舞蹈艺术魅力使得新疆维吾尔族歌舞艺术在全国范围内赢得了极高声誉。一时间，维吾尔族舞蹈成为人们热衷谈论的话题，所到之处，观众为了购买康巴尔汗的舞蹈演出票，常常是挤破了售票厅的窗户。康巴尔汗是一位立足本民族的艺术土壤，不断进行艺术实践，从而形成自己独具一格的艺术风格的舞蹈家。

1955年，在世界青年联欢节上获金质奖章的舞蹈《鄂尔多斯舞》，它的编导是一位出生在东北的满族青年贾作光。他跟随舞蹈先驱吴晓邦，走上革命舞蹈之路，来到内蒙古，从生活中提炼创作，形成了具有独特舞蹈语言的蒙古族舞蹈。他创作的《雁舞》《马刀舞》《哈库麦舞》《鄂伦春舞》《牧马舞》等一系列有影响的作品，演遍了内蒙古和全国各地。贾作光是新中国通过舞蹈将鄂尔多斯民族推向全国、推向世界的第一人，是蒙古族舞蹈的奠基人。多年之后，贾作光被舞蹈界誉为"蒙古舞之父"。

四五十年代的中国舞蹈界，由新秧歌、边疆舞、新疆舞，以及戴爱莲、康巴尔汗、吴晓邦、梁伦等一批舞蹈艺术家们的潜心努力，民族民间舞的热潮一浪高过一浪。

50年代中期，陈翘获得了一次在中央民族歌舞团学习的机会，其中芭蕾课的老师是芭莱诺娃夫妇。陈翘第一次穿上小背心和连着前后两片布的芭蕾练功裙，看着裸露在外的胳膊和大腿，几乎不敢走出房门。老师教学以严厉著称，演员每天必做的事情是，男演员刮胡子，女演员除腋毛，头发密密实实地盘在脑后，再压上一条白带子。每天的练功几乎就是一场师生间的对抗。老师要求每个学员随时绷紧全身的肌肉，不能有一分一毫的松弛，她会突然伸手去捏学员大腿或是臀部的肌肉。如果夹得不紧，必定被捏起一块肉来，痛得钻心。在她铁面无私的训练下，几十年过去，陈翘大腿肌肉依旧铁硬。

学习除了芭蕾课和各民族的舞蹈外，还有现代舞，老师是著名的"新舞蹈艺术运动"的先驱吴晓邦。

吴晓邦的舞蹈启蒙教育来自道教仪式的表演，23岁时赴日本学习舞蹈，开始接触西方艺术尤其是德国表现主义舞蹈。回国后，他以现代艺术的创作宗旨并遵循完全意义上的艺术表现舞蹈精神，在上海创办了晓邦舞蹈学校和舞蹈研究所，在中国现代舞蹈历史上第一次旗帜鲜明地提出"新舞蹈艺术"的概念。"新舞蹈艺术运动"在艺术上是向西方现代舞特别是德国表现主义舞蹈学习的结果，在实践上是有良知有才华的舞蹈家与中国社会现实生活相结合的产物。这一运动引进了关于动作的"空间""力度""幅度""构图""表情""节奏""质量"等具有现代艺术和剧场意识的创作理念和构思方法，使中国舞蹈有史以来有了第一次科学化的分析。从30年代到40年代，吴晓邦创作了100多部舞蹈作品，在民众中有着极大的影响力。吴晓邦舞蹈创作的最大特点是用现代手法表现中国的现实，抗战期间，他创作的《饥火》《游击队员之歌》在全国各地广为流传。

吴老师亲切和蔼，说着一口吴侬软语，常常让从岭南来的陈翘听不懂。但吴老师所倡导的舞蹈自然法则，即不受舞蹈的程式约束，要创造，要解放肢体，这些教学思想与舞蹈创作理念深深地影响着年轻的陈翘，并潜藏在其思想深处，成为不可动摇的创作真谛。

50年代是中国民族民间舞创作演出的黄金时期，民族民间舞蹈备受关注，地位更是芭蕾舞不可替代的，从事民族民间舞蹈的工作者，有着极强的荣誉感。也正是在这样的大时代背景之下，崭露头角的年轻编导陈翘，获得了黎族舞蹈艺术创作的"天时"。

相比人数较多的民族，比如藏族、蒙古族、维吾尔族、朝鲜族等，生活在海南岛上的黎族不是一个为许多外人所知的小民族，它没有自己的文字，只有简单的宗教祭祀舞蹈和少许自娱的舞蹈及哑剧。上天厚爱陈翘，将她派驻到这里，并且让她对这个民族产生如此深厚的感情；同时上天赋予了这个汉族女子特别的舞蹈天分，她像一只蝴蝶，在黎族这片花园里辛勤地采蜜。一同感受"三月三"风俗的并不止陈翘一人，但唯有她将此搬上了舞台。黎族成就了陈翘，成就了《三月三》，反过来陈翘也将黎族带出了海南岛，带到了北京，《草笠舞》更是将黎族人民介绍到了全世界。可以说，海南岛使陈翘获得了创作上的"地利"和"人和"。

　　陈翘的民族舞，是戴爱莲的边疆舞、康巴尔汗的新疆舞以及众多前辈民族民间舞在五六十年代的一个推进，是一个新层面上的新发展。它不仅仅是对民族民间舞蹈的整理与汇集，也是在大量的采风基础上的个人独立创造。这些作品展示在舞台上，同时又回到黎族并为民间所接受。在黎族的广大地区，众多的黎族同胞们跳着《草笠舞》和《三月三》，他们视之为自己的舞蹈。舞蹈理论家资华筠这样评价陈翘："从《三月三》到《摸螺》，陈翘完成了两种质的飞跃，第一是将黎族自然传衍的舞蹈升华为具有社会主义时代属性的舞台艺术品；第二是通过自己的一系列作品，对黎族舞蹈语汇系统的构建。二者存在着有机的联系，不过并非实践了第一种飞跃的人，必然可以过渡到第二种飞跃。"

　　从《三月三》到《草笠舞》，没有一个动作是照搬既有舞蹈的。在以后的《胶园晨曲》《喜送粮》《摸螺》等作品中，每一个动作都是有生活渊源的。陈翘创造了一系列黎族舞蹈，形成了黎族舞蹈的基本风貌。可以说，《三月三》《草笠舞》以及后来的《胶园晨曲》《喜送粮》《摸螺》等是黎族舞蹈，更是陈翘的个人艺术创造。

　　若干年后，有人称陈翘为"黎族舞蹈之母"，这样的说法不无道理。

◎　走进黎寨的陈翘

◎ 陈翘的舞台形象

第三章　人的命天注定

▌寻寻觅觅

　　哪个少女不怀春，哪个少年不动情。海南民族歌舞团是一个年轻的团队，团员们青春年少，小伙子爱慕美丽的姑娘，这事在团里再正常不过了。此时的陈翘已成为团里骨干，除了表演，还可以编导。初出茅庐的她在尝试编导的路上，第一步迈得相当成功。《三月三》成了陈翘可以昂首挺胸的资本，张扬的个性、率真的本色，她得意而且经常忘形。

　　这期间，老乡周醒传递了一条信息：军区歌舞团团长发出"安民告示"，谁能够把陈翘谈到手，他有奖。约会求爱的信件多起来，加上团里原有的或明或暗地对她示好的几个追求者，一时间，颇有几分众星捧月之势。冬天在广场上演出结束后，有人将烤热的大衣披上陈翘的肩膀；生病了有人来嘘寒问暖；一路行军走路，有人抢着替她背包，有人尾随在后捡拾她落下的东西；更有人明白示爱。

　　骄傲的公主是挑剔的，一个小细节可以立即判定一个人的追求无望。于是，众多献殷勤者纷纷落马，然而，环顾四周，偏偏有一个人让陈翘烦恼。

　　这个人在团里人际关系好，他从不拒绝帮助别人，从不惹是生非，无论是团里的工作还是个人的事情，只要叫到他，一定尽职尽责尽心尽力办好。此外，他还有英俊的外表和儒雅的气质，团里的女孩围在一起唱歌，他站在一边拉手风琴，这画面与苏联电影里的情形十分相似，由此也迷倒了许多女孩。舞姿潇洒的他在舞场上备受女孩的青睐，女孩们等待着与他跳上一曲。最重要的是，他还有着深厚的文学功底，这让一向对文化人崇敬几分的陈翘格外看重。

这个人就是给了陈翘第一次创作极大帮助的刘选亮。

陈翘对刘选亮的刮目相看源自他对《三月三》的修改意见。刘选亮的敏锐与才气，对舞蹈作品在宏观上的把握，甚至他为人的低调与朴素，让陈翘的眼里突然多了一个鲜活的影子，这影子强烈地存在着，挥之不去。然而，刘选亮却浑然不觉，我行我素，对任何人包括陈翘都一视同仁，没有偏谁爱谁，哪怕多一点点。自己如此优秀，难道也激不起他多一点注意？自信的陈翘很受打击。

一位关系要好的同伴来求陈翘传递她对刘选亮的爱慕，在同伴看来，陈翘是最好的递信人选，既不会成为自己的情敌，同时与刘选亮是同乡，在团里说话有分量。陈翘很乐意地接受了任务，与其说是为同伴鸿雁传书，不如说是为自己做一次秘密试探。她无论如何不相信，这个言语不多的帅气老乡对自己当真无知无觉，她要知道这个人的真实内心，"他总应该对我与别人不一样吧"。

机会来了，创作组下乡到保亭，住在小学课室里。当晚，安顿好的团员们来到学校操场上，大家或站或坐随意闲聊。过了一会儿，其他人像是有了约定一样，陆陆续续离开。

"我的同屋，她说喜欢你。"陈翘放慢语速，同时仔细观察着刘选亮脸上的表情。

刘选亮不置可否地看了陈翘一眼，转过头去盯着黑夜深处，不再说话。陈翘不甘心，逼着刘选亮回答。

"我喜欢的人不是她。"刘选亮有点豁出去了。

刘选亮的回答既在意料中又在意料外，会是谁呢？这个不显山不露水的人，这个让自己忧愁烦恼的人，他喜欢的人到底是谁？会是我吗？

陈翘平静了一下，才开口问："谁呀？"

"一定要说吗？"

"一定要说。"

"你。"

"不可能。"

陈翘脱口而出，态度语气变化之大令她自己都吃惊，前一秒钟还脸红心跳，现在却全盘推翻，彻底拒绝，冰冷无悔。这一次陈翘的头昂得高高的，心里是一份痛快的狠劲，终于知道了这个人内心的真实想法，自己还是极具魅力的，如此骄傲的人心中依旧是有她的位置。知道了，一切就变成了另外一回事了。

没有人注意到刘选亮与陈翘之间关系的变化，只有陈翘心里明白。刘选亮确实走远了，虽然在人群中，依旧像平常一样说说笑笑，但那笑容已经没有任何意义。刘选亮接受了陈翘骄傲的回答，一刀斩断了哪怕是一点点的情谊，哪怕是老乡之间的乡音交流，他更加严实地锁闭了自己的一切感情。

半年过去，刘选亮毫无动静，仿佛彻底忘了自己的表白，忘了自己心中喜欢的人。他相当投入地编排《钱铃双刀》，真正受不了的是陈翘，这个一向骄傲的、众人视线里的公主，自尊心被狠狠地抛在了地上。

星期天，团里一行人结伴到街上购物看风景，晚饭后，又沿着河边的路走回歌舞团。在河边有人捡起石子打水漂，一串串水花在水面掠起，像风中的蝴蝶，引起大家的喝彩。一时间，你扔他打，闹哄哄地乱成一片。陈翘随手拆开新买的一对袜子，将一只团成一团，扬手扔到了河里，嘴里开心地叫着。回到宿舍，陈翘才发现新买的袜子不见了。

"我忘了拿袜子，丢在供销社了。"她大呼小叫地冲出来。

"到哪里去找，你不是打水漂扔到河里去了吗？"刘选亮静等在路边。

"你怎么不告诉我。"

"已经扔掉了一只，剩下一只也没什么用了，所以让你玩个高兴啰。"

半年来困扰在两人之间的隔阂在这一刻冰释，虽然依旧没有正式的说法，但他们的关系明显亲密起来。星期天晚上，陈翘约刘选亮到广场看露天电影，算是两人的正式约会。

平时讲究打扮的陈翘，约会的时候更加精心装扮，半长的头发上接了两条长长的假辫子，拉到胸前可以随时抚弄辫梢；粉红色的长袖衬衫，纽扣是粉白的，剪裁十分合身，黑色长裤显出苗条而修长的双腿。

偎着刘选亮的陈翘多半时候心里想的是自己的浪漫，就像苏联电影，青年男女你情我爱甜甜蜜蜜。满心小资产阶级思想的陈翘此时觉得自己就是被爱情拥抱着的幸福情人，被人呵护、被人疼爱，正如妈妈所说的，她是小鸟依人。

然而，苦恼的是刘选亮并不配合，他若远似近，总是不能到位地让她体验心中所渴望的浪漫与幸福。他并不愿意为了她而改变自己，比如不修边幅，比如对戒烟阳奉阴违，比如总是愿意一个人去看电影，比如诸多细节上的粗心大意，陈翘痛心疾首，却找不到一点解决的办法。后来歌舞团搬到海口，每天需要过渡船，最怕水的陈翘总是希望被搀扶一把，享受一份只有恋人间才有的疼爱。刘选亮不解风情，从不伸手，站在船的另一头，看着胆战心惊的陈翘独自跳到摇晃的渡船上。

《三月三》一举成名，正巧在北京学习的陈翘，被中央歌舞团邀请排练节目。一别几个月，回来时，正赶上团里要到广西演出，陈翘给刘选亮写信，约好在广西火车站见面。信中特别要求刘选亮穿西装、捧鲜花。浪漫的陈翘满心期待着一次浪漫的相见，英俊的王子手捧鲜花焦急地等待着自己心爱的公主，他们置身嘈杂的人群四目相对，情意绵绵，直到地老天荒……这是何等美妙的场面呀。一路南下的火车上，陈翘被自己所编织的见面情景诱惑着，十分甜蜜。

火车站的嘈杂与想象无异，提着行李的公主在人群中四处寻找穿西装捧鲜花的白马王子。一个熟悉的身影飘到跟前，刘选亮站在陈翘的面前，一身平常的短衣短裤，无波无浪，无欢无喜，平平淡淡。

"你怎么这个样子？"刘选亮的表现令充满浪漫期待的陈翘大为失望。

眼前闪出几个人，边笑边说："你不知道广西有多热呀，还西装呢。"

刘选亮坦白的眼神告诉陈翘，他公开了来信。

▌ 蓦然回首

自从用袜子打水漂，被刘选亮说了之后，两个人的冷战关系结束，彼此间的目光温和了许多。陈翘骄傲的心慢慢有了着落，她体会到自己的感情还是在刘选亮身上。然而，刘选亮对陈翘的态度几年之间并没有改变，从第一次谈话到冷战，再到关系朦胧，刘选亮没有主动拉过陈翘的手，没有向陈翘主动示好过，哪怕是一句话、一个温柔的吻。

一次看电影，两人不知因了什么口角争执起来，刘选亮起身离开。陈翘等了几分钟，不见他回头，只好快快地跟出来。这时天已很黑，街道上除了风吹过树梢的声音，四周很安静。从广场到歌舞团走过渡口还有一段田埂路，陈翘一边走一边留意，心想刘选亮一定会在某个拐弯处等她。走一段看一段失望一段，又伤心又生气又不甘心，在黑暗中瞪大眼睛细细地寻找着那个熟悉的身影，陈翘总以为他不会太过分，丢下一个女孩子独自走长长的夜路。她一路担惊受怕走进歌舞团，远远地看到刘选亮宿舍的灯光，还未走近便听到了里面传出的打扑克声，其中便有刘选亮的大嗓门"甩"，伴随着的是纸牌甩到桌面的声音。

陈翘极受打击，不用说温情与浪漫，连最起码的关心人身安全都不能保证，恋爱的时候尚且如此，成家以后呢？这样的情形绝不是自己想要的，她开始考虑彻底分手。想到决断、分手，陈翘又犹豫起来，无法痛下决心，这个人从小弹钢琴、学音乐，有深厚的文学功底，可以点出作品里的致命之处，一语中的地分析问题。陈翘知道，《三月三》的最后成形以及成功是离不开他的。陈翘爱浪漫，更爱自己的舞蹈事业，她要一个可以对自己的舞蹈事业有帮助的人。转念又想，这世上有才华的人并非他一人，为什么不可以找到一个有才华又懂体贴浪漫的人呢？可是，这个人在哪里？这份为难与痛苦，使得陈翘在几年的时间里患得患失，无所取舍。

时逢困难时期，缺乏营养的陈翘得了肝炎，被送进海南疗养院。疗养院的日子仿佛世外桃源，疗养身体，也疗养心情。想到自己对于爱情的追求，对于浪漫的渴望，想到自己总在乞求被爱，乞求刘选亮来爱自己，实在是委屈得很。她终于在内心做出了分手的决定，一切都该结束了："既然你不愿意做我想做的事，那么就让其他的什么人来做吧。再见，刘选亮。"

从疗养院回来的第二天晚上，陈翘约见刘选亮，地点就在歌舞团的驻地，这里原是法国领事馆。

原本是要谈分手，然而这一晚，陈翘第一次听到了刘选亮详细而真实的身世，这身世轰然而至，惊天动地地横摆在陈翘与刘选亮之间，也彻底改写了他们两人的关系。

刘选亮的祖父是潮州人，在马来西亚娶了当地女子，膝下有一独子，刘选亮有一个姐姐、一个妹妹。解放前，祖父过世，祖母带着独子和孙子们回到中国。独子在汕头太古洋行做翻译，收入丰厚，刘家住在汕头市外马路一幢前后三层的小洋楼里，衣食无忧。刘选亮和姐姐妹妹从小喝咖啡、弹钢琴，刘家几代单传，刘选亮在家中备受宠爱，经常在家庭舞会上与姐姐表演节目。

然而，天有不测风云。汕头解放，刘家老祖母还没来得及高兴，灾难来了。在老家潮州庵埠，农民在尚未评定阶级成分的退租退押运动中，进城找到与农村有着千丝万缕关系的归国华侨索取财物，喝令交出家产。祖母受到惊吓，老老实实哆哆嗦嗦地交上从南洋带来的黄金珠宝，满满一坛子的黄金珠宝是刘家所有的财产，祖母以为她的诚实态度可以挽救一家人的命运。没有想到，这些乡下来人的捧着战利品高兴地说："第一次就交了一坛子黄金珠宝，肯定家里还有很多，明天再交一坛，交不出有你们好看的。"就在当天，刘选亮父亲已经被拉出去吊了手指。祖母请求农民宽限一段时间，等南洋寄来东西后再交，被坚决拒绝。

这一晚，刘家两代三口人到底发生了什么，谁也不知道。第二天，兴高采烈上门收讨更多黄金珠宝的人推开门时，看到的是挂在白绫上的三条尸体。农民冲进屋里，钢琴被抬出去当街拍卖，所有值钱的东西被一抢而光。

刘选亮就这样一夜间失去了祖母、父亲和母亲，留下他和11岁的小妹以及出嫁的姐姐。从小家中父爱母慈，祖母与人为善，良好优裕的生活环境，养成了刘选亮淡定的性格，与世无争，真诚待人。家族突如其来的巨变，使刘选亮在以后每一个漫无边际的长夜里噩梦连连。

当时此类自杀行为被定性为"对抗运动的畏罪自杀"，16岁的刘选亮凭着幼稚、朦胧的政治感觉，以为对抗运动的人就是阶级敌人。此后在每一次的干部审查表格"出身"一栏中，他都自觉地为自己填上"地主"，背负起沉重的政治压力。直至30多年后，当地政府为刘家落实政策，刘父是洋行职工，恢复为"职工"身份。刘家祖母及双亲的自杀属于"职工家人不理解党的政策而自杀"，这与"对抗运动的畏罪自杀"性质不同，前者为内部矛盾，而后者则是阶级敌人。

少年刘选亮渐渐接受了现实，他知道自己必须服从一切命运的安排。当海南歌舞团的调令来时，他顺从地告别潮汕大地来到海南，走进了并不喜欢的歌舞团。刘选亮以他的善良天性、忍辱负重、谨小慎微、真诚待人，换来了在团里的良好人际关系，他不会对任何人说一个"不"字；他不会提出任何关于个人的要求，任何人的困难找到他就变成他的困难。他尽最大的努力，改变自己极其恶劣的生存环境。当时有政策，凡家中有杀亲的一律不许入团入党。刘选亮的表现太好了，全团的人为他抱不平，终因强烈的民意，上级领导破格让他入了团。

虽说入团了，刘选亮清楚地知道，如果与陈翘结合成家庭，将会有怎样的结局。在他冰冷的心里，陈翘是白天的太阳、夜晚的灯，是他噩梦醒来时的晨光，没有人知道他多爱这个女孩子，他的感情有多深，但他不会对陈翘吐露一个"爱"字。他不敢，他害怕由此给心爱的人带去更大的痛苦。

河水静静地在月光下碎银般闪耀，领事馆的大楼里只剩下最后一盏灯亮着，天上的星星闪耀着，都像是听到了这悲惨的人间故事。

陈翘从来没有想到，老实安静的刘选亮的每一天，竟然是在这样巨大的阴影和压力下度过的。陈翘觉得自己不仅没有给予他温暖，还如此地抱怨痛恨他，简直就是那些迫害刘选亮人生的同谋。眼泪仿佛是灵魂的清洗液，无法控制地决堤而出，她要用行动去回报这个因爱而痛的人，她要用一生去温暖这个掉落冰冷世界的人。

"我们结婚，马上就结婚。"陈翘握住刘选亮的手，生怕他眨眼就会消失。

一个多星期后的"三月三"，团里为这对新人举行了新式婚礼，送进洞房。

对结婚无限憧憬的陈翘，每一次想到结婚，都会联想到婚纱和布置得富丽堂皇的婚房，在她的心中，婚礼是最美丽最浪漫的时刻。然而，抱着各自的铺盖，陈翘与刘选亮就完成了人生的大事。新婚之夜，刘选亮的呼噜声之大让陈翘忍无可忍，半夜起床找出胶布，她要将刘选亮的嘴封住，结果意外发现声音是从鼻子里发出的。刘选亮的呼噜声从此变成了陈翘生活中不可缺少的一部分，相伴一生。

◎　陈翘与丈夫、儿子的家庭合影

第四章 "永远"的运动对象

▌ "四清"

结了婚的陈翘与刘选亮并不着急为人父母,陈翘考虑的是:怀孕一年,哺乳一年,恢复一年。三年对于舞蹈演员或编导来说太漫长,青春转眼逝去,在舞蹈事业与孩子之间,陈翘放弃的是后者。刘选亮的担忧是,两个黑分子养一个小黑分子,其命运令人担忧。所以婚姻带来的改变仅仅是两个人从集体宿舍搬到了团里分配的一间小屋。吃在食堂,下乡,创作,排练,演出,太阳从东边升起西边落下,冬去春来,花开花落,生活的节奏没有丝毫打乱。

越是怕什么,越是有事要来。新的政治运动又开始了,这是刘选亮心里最担心的,他现在是两个人一个家庭,以往陈翘自己的出身已经够她麻烦的,如今还得加上他家庭的重大问题。

形势学习动员大会在区党委的礼堂召开,领导坐在主席台上,手边放着一沓红头文件,《关于一个大队的社会主义教育运动的经验总结》《关于在问题严重的地区由贫协行使权力的批示》和《中央关于农村社会主义教育运动中工作团的领导权限的规定(草案)》。整整一个上午,领导念得口干舌燥,下面的人听得头昏脑涨,频频起身外出小解,以缓解身体长时间保持一个姿势的疲劳。文件虽多,主题只有一个,要在全国范围内开展声势浩大的"四清"运动,也就是社会主义教育运动。具体来说,就是要在农村里"清工分,清账目,清仓库和清财物",在城市里"清思想,清政治,清组织和清经济"。

这是1964年,距反右运动过去七年,陈翘当年因为年纪尚轻,没有被划为右派。今天,坐在十几个人的小组会上,心里有充分的准备,她知道很快就有矛头冲她而来。果然，会议的调子很快统一起来，言论集中，矛头明确直指陈翘。陈翘手里做着笔记，心里冷笑，老一套又来了，重复几十遍的陈词滥调：家庭出身不好，狂妄、骄傲，不问政治。陈翘心里说："我就是年少气盛、狂傲不羁，在别人眼里的资产阶级金质奖章，就是我最大的骄傲资本。运动不会永远搞下去，等到运动过去，等到可以说话，我再创作一个好作品。"现在，她只能以沉默对抗着所有呼啸而来的箭镞。山雨欲来风满楼，空气中弥漫着肃杀之气，陈翘无声无息地坐着听着记着。最后，她做了一个极其深刻的检讨，为自己安了多顶帽子。

面对批判，陈翘既委屈又不愤，但她懂得保持沉默。这一天，工作团的副团长、市委组织部的贺副部长，用善良和政策解除了多年来死死压在陈翘头上的紧箍咒。

"记住，陈翘，1947年是一道坎，之前的国民党是抗日英雄，之后的才是反动派。"

陈翘激动得几乎晕过去，她的爸爸不是反动军官，是抗日英雄呀！尽管那时自己只有六岁，但妈妈无数次的叙述早已深深刻在心里，她的爸爸真的是抗日英雄！她真想立即就让全世界的人都知道，她不是反动军官的子女，但现在还不是她大声说话的时候。

不久后，全团人下乡参加轰轰烈烈的"四清"，"四清"运动总部设在澄迈。仁兴公社民族大队的凤朝田村，是所有"四清"点里最苦、最穷的村子，与琼中交界，多年无人管，常有人跑到琼中偷牛，乡里干部坐视偷窃甚至参与。地里没有庄稼，村里没有一条通往外面的路。歌舞团的舞蹈队就分在民族大队，其中需特别改造的陈翘等三人被分到凤朝田村。

没过多久，一人被抽调去写材料，一人被抽去清账目，剩下陈翘跟着农民劳动。看着村口外围长满了一人高的飞机草，出入村子总是要在大片的草丛中钻进钻出，队里的干部和农民全都习以为常，熟视无睹。陈翘有着丰富的农村工作经验，同时不怕吃苦，在如此贫穷的队里，几乎没有什么可"四清"的，重要的是开辟出一条出入的路，方便大家行走。陈翘与村干部商量开路，村干部们并不认为有什么需要，再说，他们被"四不清"包袱压着，缺乏积极性。

陈翘不放弃，组织十几个妇女，沿着村口外围开始割草。割草虽说又累又没有果腹的回报，但看着亲手开辟出的路，割草的队伍还是每天在壮大。陈翘指着新开的路，笑着对村干部说："这是我们'四清'的收获。"

"四清"队员，每人每月能拿半斤油和限量的粮食，"三同"户把装油的瓶子吊在灶上，每次炒菜用布粘一点擦锅底。没有菜的时候，只能去挖野菜，有一种野菜叫曲头，吃下去拉不出大便。严重的营养不良导致陈翘水肿、肝炎发作，最后发展到不能走路。然而，即使一瘸一拐，陈翘依旧坚持每天到群众中参加劳动。

工作队队长王越丰来的时候，队里干部和群众如实反映了情况。

"你不要命啦。"王越丰对陈翘的拼命又生气又心痛。这位黎族人，原以为陈翘有成绩有名气，一定是娇气、傲气的。事实上，将陈翘分配到最苦的凤朝田村正是他的决定。

"搞创作才苦呢，劳动我不怕，我喜欢劳动。再说，我不想让人说我找理由逃避劳动。"陈翘心里很清楚，提前离开劳动现场，会成为下一次挨批的理由，她知道周围那些不友善的目光始终在盯着她。

认准了目标绝不回头，是陈翘最大的性格特点，也正因了这一特质才有了陈翘人生路上的一圈又一圈光环。没有读书，没有受过专业的舞蹈理论训练的她，如果没有对黎族历史文化、民风民俗的深刻认识与深厚感情，如何可以创作《三月三》《草笠舞》这样来源于黎族生活又高于黎族生活的舞蹈作品？陈翘也问自己，她最大的法宝只有一条：离不开黎族。

在她看来，下乡劳动是对她最大的奖励。倚在门口的女孩，害羞的神情令人心动；大树下嬉戏的孩子那一双明亮的大眼睛；缓步走来的是祭祀场上跳鬼的阿公；坐在自家灶前的阿婆昨晚讲了雷公的故事；等等。她得到了这一切，这是她创作的源泉，不竭的源泉，为此付出多少代价她都可以在所不惜。

但是，拗不过王越丰，陈翘只得含泪上路，回到澄迈的"四清"总团医院。刚住进医院，团里接到通知，歌舞团参加的"四清"工作提前结束，全体歌舞演员赴广州参加大型音乐舞蹈史诗《东方红》的排练。陈翘出院后赶到广州，准备参加《东方红》的排练，但身体确实不行，肝炎、植物神经紊乱，长时间的积劳成疾，过度熬夜，加上连续几个月的极度营养不良，导致了身体里诸多问题大爆发。

病床上的陈翘唯一的遗憾是因为生病错过了《东方红》的排练演出。这是一件大事，是60年代中国人民文化生活中的大事。周总理亲自主抓的《东方红》表现了中国人民革命斗争的光荣历史，全中国的文艺工作者都以能够参与其中而自豪；不能直接去北京，能够参加省里的《东方红》排演也是莫大的荣幸。陈翘却只能眼睁睁地躺在医院里，接受医生的治疗。幸好出院后她能赶回海南，演出《东方红》的片段——《雪山草地》中的护士和《游击队员》。20年后，仿佛为了某种补偿，陈翘应邀参加了由国家文化部组织的大型歌舞、第二个《东方红》——《中国革命之歌》的编导工作。

当时，26岁的陈翘被医生警告如果再不注意，后果将不堪设想。当年从化疗养院只为副厅级以上的高级干部开放。省委组织部得知陈翘的情况，在报告中写道，世界金质奖章获得者应该享有特殊照顾，于是，在从化温泉疗养院里多了一个"娃娃疗养员"。

疗养院里的高级干部和高级知识分子们以为来了一个漂亮的女护士，性格开朗的陈翘很快就获得了大家的宠爱。陈翘喜欢白兰花，很快，疗养院里的白兰花树上就少了许多的花。老同志、老教授摘花只是为了看到这个可爱的女孩子的开心一笑。护士不得不委婉地央求陈翘拒绝收花，因为，站在石凳上用雨伞勾花，这样的动作实在太危险了。

这一年是1965年，陈翘在美丽的从化温泉疗养院，与高级干部们一起生活了几个月。在这些人中间，有著名电影导演蔡楚生、中山大学生物系教授江静波、戏剧家李门、延安干部王大姐等等。

被鲜花与宠爱相拥的陈翘，完全没有想到接下来等待她的将是什么。

牛鬼蛇神

高音喇叭传来广播，通知大家到区党委听重要报告。这些年学习中央文件几乎成了团里的一项主要工作。没有人敢怠慢，大家列队出发。

对于这些身处偏远地区的文艺工作者来说，遥远的首都、伟大的领袖、神圣的党中央，都是文件上的白纸黑字，没有真实的接触，没有真正的了解。听文件也就是听党的话，按毛主席的话去做。

领导表情严肃，端坐在主席台中央，清了清嗓子，说："下面我宣读中央文件。"

陈翘记不住红头文件的标题，但她有丰富的政治运动经验，一份文件有下发的一天，就有被另一文件取代的一天。今天，她认真听完文件，一个不祥的预感在脑中出现，文件中说得明明白白："彻底揭露那些反党反社会主义的所谓'学术权威'的资产阶级反动立场，彻底批判学术界、教育界、新闻界、文艺界、出版界的资产阶级反动思想，夺取在这些文化领域中的领导权。"

在这个小小的远离政治中心十万八千里的海岛上的小小民族歌舞团里，还有谁比她这个获得过资产阶级最高金质奖章的人更会是"反动学术权威"呢？读完文件的书记并没有宣布下一轮的运动进程，只是简短地宣布散会。

低着头的陈翘知道一场大的政治运动要来了，她开始等待新一轮批判风暴的来临。她不陌生，甚至很熟悉一切将会如何开始、如何进展。全团人的政治神经都异常敏感，可以准确无误地预测运动的趋势，没有人接到明确指示，但陈翘迅速被孤立，一夜之间不再有人到她家串门。关上房门，陈翘和刘选亮两个自觉认定的"反动学术权威"，互相提醒鼓励，等着写检查。

随着运动的深入，团长张福申、副团长崔柏林被打倒，新成立的革命领导小组勒令陈翘、刘选亮和李超然写检查，宣布陈、刘是"反动学术权威"，不得参加革命群众的一切活动。铺天盖地的大字报很快将陈翘、刘选亮推到运动的最前沿。刘选亮的最大罪状就是陈翘的"黑后台"，而陈翘的罪名多到十个手指头也不够数。

"看来这一次很厉害，他们要夺取的是文化领域中的领导权，越是有业务水平的越是要首当其冲。"陈翘心里的鼓敲起来了。

"你有什么领导权？你什么时候领导过别人？排练场上只是排练而已，不是政治运动。"刘选亮靠着桌边安慰陈翘，其实他也没有底，但他不愿意流露出不安的情绪。

"我们以后还能做什么？"

"打飞机棋。"刘选亮已经想好了接下来的生活。

检查写完，两个人坐在床上打飞机棋。这是一种游戏棋，双方各执几子，一个骰子，一人掷一次，骰子向上的一面显示的数字，便是飞机棋要行走的步数。最大数为六。陈翘将骰子握在手心里摇，一边压着嗓子叫"六"。真掷到"六"时，两人便大笑起来。

"想怀孕逃避运动"

这一天，陈翘觉得身体不适，到医院检查得知已经怀孕三个月。这消息让陈翘惊愕，虽然三个月没来例假，但她对自己身体向来不当回事，只是以为运动来了，神经紧张造成的意外。陈翘捧着肚子愁眉苦脸，这个孩子不能出生啊。

"我不能要孩子。"

"你已经28岁，再不生就生不了了，再说现在做手术很危险。"医生好言相劝。

陈翘根本不听，她不能这样放弃舞蹈。再说，这种形势哪里能够容得下两个"黑分子"的孩子呢？对着医生，陈翘也不敢告之自己是"牛鬼蛇神"。

陈翘找到"文革"领导小组说明情况，要求给医院出示一份人流证明。此时西下的夕阳照进办公室，一阵穿堂风带来阵阵凉爽，斑驳的墙面上挂着一些镜框，另一面墙上依次是马克思、恩格斯、列宁、斯大林和伟大领袖毛主席的画像。黄色的办公桌上空无一物，三位年轻的新当选的"文革"领导小组领导正襟危坐。

"什么事情？"完全公事公办的口吻，不到20岁的年轻人脸颊上还残留着细细的汗毛，尽管目露凶光，装出一副老成的样子，却掩饰不住满脸的稚气。

"要证明。"

"明天再来拿。"三人交换了一下眼神。

陈翘走出办公室，径直回家，与刘选亮继续打飞机棋。第二天出门前，陈翘已与刘选亮商量好，拿到证明即去医院，最好能在当天做完手术，胎儿大了有危险，早一天做少一点危险。刘选亮送陈翘到门口。

海南的夏天，太阳一出来就火辣辣地暴晒着大地，天空湛蓝，白云翻滚。陈翘特意挑选了一件紫红色的短袖衫，衣着讲究的她不管什么时候，都不会忘了梳妆打扮，即使在今天这样的日子。

走到半路她就看见一条用无数张报纸糊成的巨幅标语，从正前方三层楼顶上悬垂而下，这样一条标语的制作至少要花上好几个小时，还得从楼顶悬垂下来，并保证粘连处不断裂。

"陈翘想怀孕逃避运动！"

字字如斗大，惊叹号巨大无比，浓浓的墨水味在早晨的空气中弥漫着，远远地就可以闻到。有人抬头看着，见到陈翘走来纷纷避开，犹如传染病人。

一股怒火腾地冲上脑门，想怀孕逃避运动！真想得出来！陈翘的脸涨得通红，继而发白，惨白。头有些晕，大脑失血，两眼发黑，全身轻得像根羽毛飘浮着离开了地面。足足站定几分钟，她才慢慢缓过来转身回家，心里既悲凉又愤怒。意外怀孕本来就够苦了，还要挨批斗。"好吧，不做手术了，我就生下来，生下来给你们看看！"她一路生气地走着，一路做出了决定。

刘选亮将浑身颤抖的陈翘扶到床上躺下，端来一杯糖水。

"这是天意，老天爷不让我们无后，是好事呀。"刘选亮苦笑着说。

"好事？我们还得感谢他们？"陈翘愤愤然。

"是得谢谢他们，否则，我们就没有这个孩子了。"刘选亮脸上出奇地平静。

陈翘终于跟上了刘选亮的思路，她知道如今的形势早已没有了舞蹈的位置，也许真的是老天爷不让刘家无后，陈翘激烈的心跳慢慢平复下来。说也奇怪，一旦接受了现实，她心里也就恢复了平静，甚至对那几个无中生有的年轻人也少了一份怨恨。她抚摸着自己依旧平平并无变化的肚子，一股从未有过的奇妙感觉占据了全身。团里有怀孕的、有生孩子的，她也抱过别人的小婴儿，关于怀孕体型变化的想象曾经吓倒过自己，但现在一切都成了现实，反倒是有了欣喜与期盼。这个小东西他将会长得像谁呢？他或她是否也会跳舞？陈翘开始不时与肚子里的孩子说话。

此时，被押进牛棚的走资派已经增加到六个。业务团长张福申、崔柏林、从中央乐团下放来的肖忠龄、很少说话的李超然，加上刘选亮、陈翘夫妻。瘦高个子的张福申最偏爱陈翘，平时见到总会张开双臂夸张地叫道："我的宝贝。"陈翘为团里带来了许多荣誉，让这位业务领导脸上有光，出差在外被同行说起，心里总是甜滋滋的，很有脸面。所以，平时凡陈翘有事，他总是会呵护在先，这一次他自己成了过河的泥菩萨。

为了方便革命群众批斗监管，"牛鬼蛇神"被集中在一处学习。六人的学习小组，组长是崔柏林。每天的学习内容几乎是一成不变地读文件、读报纸。

相比革命群众丰富热闹的运动生活，几个"牛鬼蛇神"的日子就单调得多。除了按要求学习文件，余下的时间，便是议论各种话题。近来陈翘担忧的是对"走资派""反动学术权威"的处理。

研究文件后，组织上对陈翘说："你们虽算不上反动学术权威，但出身又不好，肯定要清洗出革命队伍，回原籍。"

现在陈翘的心病就是可能被遣返原籍。干了一辈子革命到头来被遣返原籍，在老同事老朋友面前很不好看。

"团长不再是团长了，你看报纸上，多少有名的演员导演都滚落下马了，梁伦在广州被人摁着头吃草，你是知道的。"梁伦，老革命、著名编导，舞蹈界里最德高望重的人，如今也成了阶下囚，还奢谈什么尊严、什么脸面？

刘选亮处变不惊的淡定，来自他一次次饱受的大起大落的经历。从父亲、母亲、祖母三人悬梁自尽的那一天开始，他便对这个社会有了自己的态度和选择，只要求自己守住最后一块净土，一辈子与最爱的姑娘相厮守。除此之外，他放弃一切，名利、是非、对错，一切都与他无关。同时，不断的你死我活的阶级斗争、政治运动也让他感到了无尽的厌烦。他原本就不喜欢跳舞，偏偏受命运捉弄干上这一行，人无法违背天意，无法抗拒命运，只能顺水行舟，像中国六亿农民一样，日出而作日落而息吧。纷扰的斗争到底又有谁真正赢过呢？生命只是一个循环，从古至今，一辈又一辈，无非是老人走了新人又来，周而复始，这地球上最不缺的就是人。命值钱吗？不值钱，一文都不值。刘选亮的眼前总是挥之不去父母与祖母三人悬吊空中的画面，有时他在想，他们的离开是对的，再也不用去忍受屈辱，他们至少保持了尊严。他用佛家出世的姿态面对鲜活而残酷的现实。刘选亮的处世哲学深深地影响着陈翘，一次次地化解她内心的焦虑与不安。

第五章　移师广州

▌再见大姐

20世纪80年代初的中国百废待兴，封闭多年的对外门窗打开了。西方各种思潮随之而来，一场思想解放运动正在掀起，追求个人价值实现，追求个性解放，一时间成为国人最大的目标。远离政治中心的海南岛虽然隔着琼州海峡，但也迅速感受到了这股潮流。歌舞团从团长到主演，从乐手到独唱演员，纷纷打报告离团或出国。那些一夜间冒出来的各式各样的、五花八门的海外关系，变成了团里的人最大的资本。他们仿佛获得了解脱，终于可以奔向自由世界了。

陈翘与刘选亮的海外关系也在恢复中。早年离家出走的陈家大姐在香港当了电影明星，有照片为证。照片中的大姐仪态万方，一派明星风范。息影后经商开工厂，成为有钱人。与家庭失去联系多年的大姐，独自在外漂泊闯荡，内心里对自己苦难深重的家庭深深怀念，却又对内地的政策谈虎色变。她虽然已经与家中的弟弟妹妹有了联系，但不敢轻易回来。陈翘借着带歌舞团去深圳演出的机会，与大姐相约见面。这是姐妹俩分别二三十年之后的第一次相聚。

在酒店温柔明亮的灯光下，从香港过来的大姐体态优雅，衣着讲究，身上飘着淡雅的香水味，比起土里土气的妹妹，她显得更年轻。对大姐的记忆是久远的，那时陈翘尚小，从妈妈口中得知，大姐不顾妈妈的反对，自作主张嫁给了自己的老师。婚后不久，大姐夫出国一去不返，大姐受不了婆婆的虐待，只身出逃，后去香港，如此一别已是天上人间。陈翘觉得有些恍惚。眼前见到大姐，就像看见过世的妈妈。陈翘心里五味杂陈，难以言表。

姐妹俩唏嘘良久。

"舞蹈不能当饭吃，你总有一天会停下来的吧。"大姐有自己的经验，演电影只是年轻时候的事，年纪稍大就该过稳定的生活。钱是生活质量的保障，这是香港社会教会大姐的。

"我不会停下来的，我会坚持我的舞蹈。"妹妹很固执。

大姐不理解，难道舞蹈可以跳到老？难道舞蹈比挣钱还重要？然而，当晚的演出让大姐改变了看法。

歌舞团带来的节目有《三月三》《草笠舞》《野营大军过山来》《村边的故事》《开山歌》《钱铃双刀》《喜送粮》等等，整台节目充满了浓郁的海南黎族风情，仿佛展开了一段黎族民俗风情画卷。从舞蹈动作编排到音乐、灯光、舞美，以及服装设计，都令改革开放的前沿阵地深圳的观众耳目一新，也令香港来的、电影演员出身的陈家大姐大出意料。她不仅被吸引，而且被深深打动，对一个陌生民族的感情在一个多小时的舞台演出中建立起来了。大姐不仅看完了所有的节目，还亲眼目睹了妹妹在台上的风采。

演出在观众真诚激动的掌声中结束，演员一再谢幕，导演陈翘与刘选亮也走上前台答谢热情的观众。聚光灯下，土气的妹妹容光焕发，骄傲、自豪，艳压全场。她的眼神是如此明丽，与昨晚酒店里的妹妹判若两人，整个舞台、整个剧场都仿佛在她的统领之下。此时的妹妹不再是陈家小妹，她是真正的舞蹈家，真正的艺术家。土气的妹妹不富有，但她有自己的事业，而且是如此辉煌骄傲，这是她在香港用钱无法买到的。姐姐从事过艺术，她有这份感觉，现在她理解了妹妹所说的话，舞蹈对于陈翘来说的确比钱重要。但姐姐毕竟是在香港社会泡了这么多年，她知道生存的法则：钱不是万能的，但没有钱是万万不能的，她为妹妹骄傲，也为妹妹担心。

陈翘的内心也并非一潭静水，多少年的政治运动、无数次的精神折磨、打压，换来伤痕累累的心。贫穷的日子并不可怕，最可怕的是没完没了的政治运动。谁又能够保证，从今往后不会再有人整人？离开内地，可以换来富裕生活；离开内地，可以远离精神折磨；但是，离开内地，也将永远告别舞蹈，告别舞台，告别鲜花掌声和自己的过去。陈翘犹豫，很难想象自己离开内地能干什么，这太不可思议了。

与姐姐分手的时候，陈翘说："多苦多累，我都走了过来。"

刘选亮懂眼前这个与自己生活了20年的女人，知道她要的是什么，也知道自己该做什么。

不随大流离开内地，就是选择了物质的清贫与艺术的坚守。此时，刘选亮已被提拔为广东民族歌舞团的团长，陈翘被任命为副团长兼艺术指导。陈翘的民族舞蹈事业，开始从单纯的舞蹈编导、创作作品到带好一支民族歌舞队伍。广东民族歌舞团的前程与命运与刘选亮、陈翘二人的前程与命运紧紧地绑在了一起。

随着经济大潮的迅猛推进，加上政府财政拨款萎缩，歌舞团逐渐陷入瘫痪。几十个业务骨干流失，演出队伍溃不成军，团里交不起电费，被供电局拉电闸，排练场里地板破损断裂。眼前最棘手的不再是个人的创作，陈翘必须学习打开思路，学习新生事物，设法增加收入，将陷入贫困境地、发不出工资、交不起电费的歌舞团解救出来，让大量流失的人才重新回归。

陈翘与刘选亮及团里一帮留守的同事们为重新组织队伍，整天想办法，主意出了一个又一个，都未成形。一天，陈翘与刘选亮突发奇想，建一个民族文化村，其规模与形式有些类似几年后建成的深圳民俗村。住在隔壁的画家关则驹和他的夫人、团里的编导钱小玲也加入了进来，大家谈得兴奋，美术家准备将理想主义者们纸上谈兵的想法画成画稿，于是，引来众人更大的激情。这一宏大方案是如此设计的：

民族村中有黎苗集市，村中使用特别的钱币。民族村里有一巨大的造型类似龟的建筑物，那是大剧场。剧场的一侧是小卖部，里面出售富有民族特色的商品，其外形状如螃蟹，小卖部的四面楼梯是螃蟹的螯。民族村里有一大水池，水中有一荷花状的露天舞台和水上乐队。每当夜幕低垂，黎族青年扎着头巾，来回巡逻。而剧场里则上演民族歌舞表演，这也是此方案的核心，一切都是烘托、铺垫，只为最后的民族歌舞的演出高潮出现。

方案充满浪漫主义的想象。事情被海口市委书记知道了，他让团里报上详细的计划，并准备将郊区一个荒废的青年农场划作用地。陈翘和团里的一群人闹哄哄地来到野草丛生的荒地上，指点江山，憧憬未来。然而随着书记工作调动，民族村计划胎死腹中。

▍何去何从

　　人才流失、团将不团，广东民族歌舞团的现状直接影响到陈翘和刘选亮的事业选择，艺术成为奢谈，连起码的生活都不能保障了。现在，到底该何去何从？北京四家艺术团体前后发来加盟邀请函，东方歌舞团、北京市歌舞团、战友歌舞团、部队艺术学院舞蹈系，都明确表示欢迎陈翘、刘选亮这对夫妻编导。

　　北上京城最大的不确定性是无法保证对民族舞蹈的坚持；而留守海南，同样缺乏坚持民族舞蹈的基本条件：没有演员，没有资金。陈翘与刘选亮陷入两难，陈翘想到一个人：杨白冰。

　　在时任北京军区政治部副主任杨白冰的办公室里，陈翘将所有的困惑与困难和盘托出，她口齿伶俐，条理清晰，感情丰富，时而手舞足蹈，时而眼里含泪。

　　听完陈翘的诉说，杨白冰建议她来北京。

　　"我对部队不熟悉，只想继续搞民族民间舞蹈。"陈翘很坚决地说。

　　"你有什么想法？"杨白冰看着陈翘，心里猜想着可能的答案。

　　陈翘的心里确实有一个主意，但这件事太大，简直有些异想天开，她在斟酌是否可以说出来，是否能够获得杨白冰的支持。

　　"把广东民族歌舞团搬到广州，我们重新招人，重新建设队伍，只有这样才能保证我们坚持了30年的民族舞蹈不会断根。"陈翘依旧是大嗓门，也许是太激动，两手握在一起，像是使足了劲。她紧紧地盯着杨白冰，注意着他的一举一动，等着他说出来的每一个字。

杨白冰感到这个身材并不高大的女舞蹈家胸中有大志，这样的想法既可行又相当有难度。不是一个人的调动，是一个艺术团体，这牵涉到许多方面的问题，每一件都是大事。但杨白冰从心里佩服陈翘的胆识和勇气，感动于她对民族艺术的执着追求，这样的事情落在一个四十出头的女性身上，真不容易。

"你回去找找刘田夫省长，有什么要求对他提出，就说是我让你去的。"杨白冰终于开口了，他的话一字千金。

陈翘激动得说不出话，从小到大坎坷无数，坚持下来的所有力量全都来自一个声音，这是妈妈说的，吃得苦中苦方为人上人。她要做一个有作为的人，做一个出众的人。过去是，现在是，将来还是。

回到广州，陈翘第一时间打电话找刘省长，电话非常顺畅，一拨即通，接电话的人立即将话筒交到了省长手里。素昧平生的刘田夫省长在电话里问清情况后，邀请陈翘来家里详谈，并不厌其烦地将自家的门牌号码仔细地告诉陈翘，甚至告诉她如何乘车转车。最后刘省长问陈翘："都记住没有？"

这是80年代的一个春天，路边的树刚刚冒出新嫩的绿芽，在墨黑的枝干衬托下越发显得娇嫩，阳光照耀着这人间的四月天。走在路上，陈翘满怀激情，她觉得一切都将是美好的，就像头顶的每一片树叶，盛开着希望与梦想。

按图索骥，很快找到刘省长的家门。刘省长就像邻居那样自然随和，没有官架，没有官腔官调，投递过来的眼神，尊重、专注。

"你有些累，身体没事吧？"

省长一句问话，陈翘的情绪几乎失控，长年的积劳成疾以及近一段时间被何去何从的选择纠缠着，吃不好睡不实。但此时此刻，陈翘没有时间自怨自艾，她迅速地调整好情绪，进入陈述状态。

陈翘见过官，也不怕官，在她的经验里，越是大官越是没架子，这让她有了一种见官大三分的自信。见过周总理，见过叶帅，给贺老总献过花，与陶铸一起吃饭，陶铸甚至跟她开玩笑："你不要翘尾巴哦。"当年的陈翘则开心地回答："我就要翘尾巴，就要翘。"越是大官，她的状态越好，不拘官场细节，不讲官场规矩，只讲她想讲的话。

初次与刘省长见面，陈翘以最快的语速介绍了自己。她越说越激动，越说越投入，像是陈述自己的生命一般，痛快淋漓，哽咽不断。

眼前这位略显瘦弱的舞蹈家震住了刘省长，他钦佩有才华的人，更钦佩有坚强意志力的艺术家，为了心中的理想，不惜一切代价；在理想面前，不苟且不妥协。难得一位女子经历了如此多的人生变故，人到中年，依然高举心中的理想主义大旗。

"你想怎么办？"省长问。

"摆在我面前的两条路是，一是出国，二是去北京。"

刘省长一口否定："不能出国，北京也不能去。你有什么想法，说说吧。"

陈翘从省长的表情中可以肯定，刚才的诉说一定感动了省长。

"我想把团从海南搬出来。"

"你的想法很大胆，会有困难，但我觉得可行。我举手同意，但只算是一票。你要继续去说服其他几位常委，一个一个去找吧，他们都是明理的人，只要你的理由正当，一定会得到他们的理解和支持，这样就有五票了。"

这位老革命省长工作作风相当朴素，他对起身告辞的陈翘叮嘱道："告诉他们，是我叫你去找他们的。"

走出刘府，陈翘觉得自己的身体轻到可以飘起来，仿佛踩到了云朵上，一路飘浮着回到招待所。

第二天，依照省长的指示，陈翘找到分管卫生宣传的黄静波副省长。黄副省长将陈翘让到椅子上坐下，亲自冲茶倒水，说："能为舞蹈家服务是我的荣幸。说吧，什么事情？"

陈翘甚至来不及仔细看看副省长办公室的摆设，润了润嗓子，对黄静波说："那我就说了。"

语言是最直接的交流工具，尤其是一流的口才加上真情实感，可以达到最佳的效果。多年与各种人打交道的经验让陈翘深谙此道，唯有以心才能换心，唯有以诚才可换来诚。此时，陈翘被自己的述说打动，深陷忧虑。她口干舌燥，身心俱疲，像是跳完一场独舞晚会。

黄静波静静地听着。平生与舞蹈家没有多少联系，与舞蹈同样没有过多接触，他私下以为，跳舞之人多半胜在外表的美丽。眼前这位快人快语的舞蹈家有些不同于自己印象中的这类人，心生敬意。

"第一，我支持你搬团的想法，广州毕竟是个大城市，机会多，发展空间大。第二，我会支持你解决选址问题。第三，等到全团搬过来，我还要让报纸、电视台大力宣传，让更多的人关心支持你，让走掉的人再回来。"黄静波语气平和，神情不容置疑。陈翘的心变成了一只热气球，呼呼地往空中升去。

黄静波将陈翘送到门口，问道："下一个找谁呀？"半开玩笑的话让陈翘咧开了嘴，她说："反正你们几位管事的领导，我都要一一拜见。"

现在的陈翘完全放松下来，她预感到省长所说的五位常委的支持是不成问题的，这么好的领导，这么好的人。陈翘甚至觉得自己是命好，可以在如此重大的事情上遇到贵人，不是一个，是许多。

宣传部部长陈越平是陈翘所遇贵人中的一位，他在广东民族歌舞团的搬家问题上起了多大的作用，除了陈翘，无人知晓详情。

认识陈越平是谭德利介绍的。谭德利当时是广东省委宣传部文艺处副处长，热心助人。偶尔得知陈翘的事后，反映给宣传部部长陈越平，由此，将陈翘与陈越平联系到一起。初次见面，陈翘就与陈越平部长开玩笑，说天天在报纸上见，今天总算是见了真人。陈部长笑着说："果然是艺术家，讲话也不一样。"老革命出身的宣传部部长凭良心与原则办事，他认为陈、刘是人才，不能离开广东，对他们的处境表示同情与理解。他为陈翘出谋划策，而且直接推动事情的进展，走省长路线同样也是他的建议。

此时陈翘来向他汇报几位常委支持的意见。

"很好，调动报告由我和田蔚来起草，直接递交杨应彬常委。"陈越平有着丰富的工作经验，他所提到的田蔚是宣传部副部长、原电视台台长，同样赏识执着民族舞蹈事业的舞蹈家。"文革"结束后，田蔚批准五位舞蹈家去香港观摩亚洲艺术节，其中两个名额给了陈翘和刘选亮。

"陈翘，你应该去文化厅了，不能再躲了。"陈越平提醒。

与主管部门的渊源

多年来，海南民族歌舞团属海南区党委文化局主管；改为广东民族歌舞团后，属省级单位，托管给海南区党委文化局，业务主管单位是广东省文化厅。在过去的几十年，海南民族歌舞团以民族歌舞为最大特色，在全国同行里名气甚大，与云南红河歌舞团和延边歌舞团成为中央民委在全国民族地区树起的几个重要民族歌舞团之一。

1972年，广东省文艺汇演在佛山举行，当时主管文化工作的军代表对远道而来的海南民族歌舞团不够公平，同样的省级团体，军代表只勉强同意在饭厅审查海歌的节目，并限定海歌演半台戏。除了照明灯光没有任何背景的饭堂，肯定会影响演出的效果，军代表对反映上来的意见不置可否。没想到审查时，各地来的同行将饭堂挤得满满的，《草笠舞》《喜送粮》《开山歌》《野营大军进山来》《胶园晨曲》等极富民族特色的节目，加上演员们饱含激情的表演，饭堂里掌声不断，叫好声四起。在几天的正式演出中，海歌成了全省艺术同行们议论的中心，以至于若干年后，那些脍炙人口的民族舞蹈精品依旧被同行们津津乐道。

汇演结束，海歌与上级主管部门之间埋下了别扭，直到此次举团搬迁，这一对上下级的关系就更加微妙了。

当搬家的事情进入实际运作时，陈翘多次想去文化厅汇报，终是被想象中的冷淡场面吓退。没有良好的工作关系基础，使得陈翘本能地使用绕道思维，曲线解救。陈翘考虑的出发点是找到最有可能成为支持者的人，并且回避障碍。但是，现在，是刀山是火海都得去面对了。

果然，汇报的气氛相当紧张。

"你要把歌舞团搬到广州来？一个团，几十上百人，一起搬来广州？开玩笑，简直是异想天开！"

"刘省长同意了，黄静波常委也同意了。"陈翘的口气坚定了许多，面对不被理解的委屈，她反而镇定下来。

这样的见面汇报场面在意料中，也在意料外。她前脚离开，领导便将电话打到宣传部副部长田蔚的办公室："陈翘假传圣旨，说省里领导都同意把歌舞团搬到广州来。"

田蔚不敢怠慢，一边向陈越平部长汇报，一边派人去查询此事，结果证明，海歌搬迁来广州确有其事。省主要领导不仅知道，而且表了态，前去调查的人还得知黄静波为陈翘出了许多主意，比如在搬家后要加大宣传，让离团的人重新回来。消息传回文化厅，领导将所有的怨气都集中到居然敢绕过主管领导的陈翘身上，但是，省委的文件不能不照办。

一纸文件仅仅是浩大工程的第一步，真正的大工程是找钱。没有钱，一百张红头文件都白搭。钱从何而来？大姐的话在耳边响起，没有钱什么事都做不成，别说舞蹈了。现在，必须马上行动解决经费。陈翘的办法只有一条：找领导，找支持她的领导。在这点上，她像猎犬一样目标明确。

她还是找到陈越平求救："部长，经费问题怎么解决？"

"去找文化厅，他们是主管，会负责的。让他们根据省委批示的文件，吸收梁伦同志办芭团的经验，先打报告，申请经费。"当时，梁伦申请100万元办团费，结果有关方面认为所需费用太高，未批。陈越平懂政策，也懂做法："让工程启动，以后的事再说。"

想到领导的表情，陈翘的心里一阵痛苦的挣扎，她实在是不愿意去面对。

"省委已经批了，你怕不怕都要去，报告还是要由他们打的。"陈越平开导陈翘。

陈翘没有退路了，心里装着十五个吊桶七上八下不能有一刻消停。以前的她多么骄傲，哪怕在"文革"的高压下身为"反动学术权威"，也从来都不肯说一句软话。此一时彼一时呀，陈翘垂着头离开陈越平的办公室，双腿像是别人的，好不容易走到文化厅。

"有什么事？"此时领导的态度格外平静。

"我们想厅里打报告，向财厅申请搬迁安置经费。"陈翘小心地说。

"好呀，这样吧，我们只管艺术方面的事，其他的去找民委吧。"

屋子里寒气逼人，陈翘捂着要跳出胸口的心，哆嗦着转身离开。这一次为了团的生存而越级的行为，使有些人对陈翘留下了"通天人物"的深刻印象，从此视陈翘而绕道。一次，新上任的厅长主持会议，忽然旁边人告知陈翘来了，新厅长立即夹着包离座，嘴里嘀咕"躲她还不行吗"。

在和顶头上司的关系中，陈翘总认为自己是个失败者。尽管从偏远的海南岛来到广东省的政治中心，她总是不断地约束自己，避免出现被人认为是越级告状的现象，但始终无法消除隔阂。甚至有些新来的领导，上任前关系不错，对陈翘执着的艺术追求倍加赞扬和鼓励，可是到任后就会有所变化。是行政事务多了，还是……总之，是渐渐地疏远了、冷淡了，连求见都不易了。这种伤透脑筋、无力改善的处境，一直是陈翘心中的苦恼。不过，当时正为迁团的事奔走的陈翘，没有心情，更没有精力来对付这个无法解开的结。

搬迁的批示在手，但如何落实？陈翘忧心如焚，急火攻心，满嘴起泡，脑子成了一团麻。她只能强行冷静下来，排除一切杂念，解决主要问题。

每一次走投无路的时候，她就会敲开熟悉的陈越平部长的办公室大门，这里是她最坚实可靠的后盾，是她停泊与起航的安全港湾。陈越平紧锁眉头，权衡找一条变通的路，以解燃眉之急："这样吧，你们是民族歌舞团，争取省委同意，就归属民委吧。文化厅是业务主管，民委是行政主管上级，一般事务可以直接与民委联系。"

陈部长拨云，陈翘见日，阳光照进了冰冷的黑夜，陈翘喜上眉梢，感谢陈部长的帮助。得知消息，民委上上下下表示热烈欢迎。民委主任黄康是延安时期的老革命，还有副主任李杜清、艺术处处长王承尧，他们不仅接纳了歌舞团，而且，实实在在扶持陈翘，陪着她找地点、打报告，并将艺术处的办公室当成歌舞团搬迁筹备小组的晚间临时宿舍。

现在，陈翘将所有的精力都放在了规划局，一边等着规划局批下地皮，一边四处考察，为未来的歌舞团寻找理想的地址。黄康主任常常是陪在左右。

"延安出来的干部就是不一样。"陈翘嘴里说着"谢谢"之类的话，同时，从心里赞叹、感谢黄主任亲政亲民的工作作风。

黄康哈哈笑着："你们现在可是我们民委的下属单位呢。"

黄康的话温暖着陈翘，她的眼眶又是一阵发热。这一段时间，陈翘情感、心情起伏很大，整个人是忽而伤寒忽而高热，晕晕乎乎，常常不知自己身在何处。

黄主任见陈翘脸色有些异样，便转移话题："规划局的情况如何？我们可能要主动一点。"

"怎么主动呢？"陈翘立即清醒过来。

▎规划局门口苦等局长

80年代初期的广州市规划局，工作异常繁忙，无数的项目在等待他们办理。规划局权力极大。虽然，项目批不批是上级的事情，但是，全市范围的土地，给哪一块地则是规划局说了算。为了尽快敲定地址，各单位的办事员各出奇招。歌舞团的申请报告在5000多份各类报告中，静静地等着。

黄康的话提醒了陈翘，她觉得非得亲自去一趟不可了，非得与局长打个照面不可了。手中没有特产，也没有领导的字条，但她主意已定。她打听清楚了规划局所在地，并打听到局长姓王。除此之外，再没有一点信息。

在吉祥路规划局的大门外，几十个人挤成了堆，这些人个个都是腰包丰厚的开发商。清冷的寒风中飘浮着强烈的烟草味，来得更早的人从地上站起来，衣服上沾满尘土，眼睛里都是红红的血丝。互不相识的他们经过几天的守候，都成了熟人，相互间交换着各路小道消息，时不时夹杂着粗口。规划局的大门因了这些人而闹哄哄。这些年龄不等、来历不同的人，有一点是相同的，清一色都是身强体壮的男人。

挤在人群中的陈翘是个例外，一件借来的军大衣难以抵御清晨的寒气，她不时把双手放在嘴边呵气。累了蹲在地上，有人投来好奇的目光，陈翘并不理会，她的思想全集中在通往大门的路上，心里只有一个念头，千万别错过了局长。今天必须见到局长，必须与局长说明情况。

上午8点多钟，一个50多岁的高大男人走过来，人群蜂拥而上，有人在叫着王局长。不知哪来的力气，陈翘一路左突右撞挤开人墙，紧随局长身后。此时，局长已经到办公室门口，他天天见到这样的场面，却是第一次看到女人，从外表看不像是农妇市井之人，心生好奇。

"是刘省长和宣传部的陈越平部长让我来找你的。"她拉大旗开道，反正刘省长、陈部长是支持的，打一个幌子也不犯法。

这果然引起局长重视，他将陈翘让进办公室。

"说吧，什么事？"局长一边开窗，一边整理桌上成堆的文件和报纸。

她目光追着局长的动作，迅速打开话匣子：从民族舞蹈的兴盛，讲到目前的困境；从民族舞蹈人才的流失，到省委批准搬来广州。王局长打断她的话："直截了当地说，到底是什么事？"

"我们现在要搬家，从海口到广州。"

"要我做什么？"看到外面黑压压的人群，局长再次打断陈翘的话。

"能不能请你先为我们办？我们实在等不及了，100多号人的艺术团在等着。现在电也停了，水也断了……"陈翘声音嘶哑，眼前是自己供职了20多年的歌舞团破败的情形，一股强烈的委屈袭上心头。

"早说呀，我跟他们研究一下，让征地科告诉你们。你看你，待在海南好好的，既不会受罪，也省了我的麻烦，何苦要搬来广州呢？"局长半开玩笑的一句话化解了陈翘心中的块垒。她旋即露出了笑容，还想多讲几句感谢的话，但局长的目光已经转向了下一位。

若干个工作日后，看到终于批下的地址，一个是位于珠江之南的硫酸厂旧址，另一个在省歌舞团旁边。

陈翘心里一阵叫苦，"硫酸厂旧址有污染，省歌旁边这块地，地价太贵。"

"再去跟局长说一说，解释清楚，求他换一块地。"陈越平对陈翘说。

陈翘的心像被压下去的弹簧，啪地又弹了起来。她下意识地缩了缩脖子，还得去找局长？还得像个包工头似的挤在人堆中？

"还是去争取一下。可以去他家嘛，谈话轻松一些。"陈越平见陈翘一脸痛苦，安慰说："凭你的口才，一定能得到局长的支持。"

晕头转向地走出省委大楼，陈翘心情复杂，陈部长的支持给了她力量，前面的路再难再险都得去走呀！王局长大权在握，他心地善良有同情心，他讲话时的态度已经表明了这一点，陈翘不会看错人。现在的她，察言观色的功夫远非以前可比。

想到吃饭的时间可以在家里找到局长，陈翘决定晚饭后去局长家。

不知道打开大门迎接她的是什么样的面孔，是局长的太太、孩子，还是保姆，他们会怎样对待她？想到这些，心里的斗争就异常激烈，踌躇犹豫，不敢奢望热情，但如果是冷若冰霜或者轻慢言语，她该如何开口向局长请求帮忙呢？挣扎与焦虑几乎要压垮她了，没有人可以商量，没有人可以倾诉缓解，路边的树一棵棵地向后挪去，脚步越来越沉重，从未有过的绝望。她不知道下一步会遇到什么人，遇到什么表情，听到什么样的话，一切都如浮云，飘忽不确定。路很长又很短，局长的家就在眼前，紧闭的大门也在眼前，陈翘觉得自己已经用尽了力气，几乎抬不起胳膊。

门开了，一张平常的脸，一双关心的眼睛，没有轻视和对立，礼貌地请客人进去了。端上一杯茶，一切都非常自然。冰雪尽消，血液回流，陈翘的大脑恢复了正常，正如陈越平所说，一流的口才和真诚的感情会赢得局长的同情。非工作时间里的王局长，耐心地听完了陈翘的话，并表态可以重新批一块地。

"直到你满意为止，怎么样？"王局长说。

夜深人静，忙了一整天，此刻四周无人，伏在桌上的陈翘托着脑袋，内心里翻江倒海，耳边回响着王局长的话。局长有一颗善良的心，还有一颗公正的心，不仅顾及了她的自尊心，还真正解决了问题。而此时，社会上已流行请客送礼走后门，民间流传这样的说法：革命就是请客吃饭。虽然有局长的批示，但还是要来回跑无数次才能最终办成事情，而自己既无权又无钱，有的只是一颗舞蹈家的自尊心，脆弱而敏感。

过去的20多年，每一次的创作都能带来鲜花掌声，这荣誉与光环早已养成了陈翘内心真正的骄傲，从不会向人低头，从不会为了什么而放下尊严。然而，在广州的几个月时间里，各个环节的求爷爷告奶奶，在每一个关键人物面前的长篇叙述……她像四处乞讨同情的祥林嫂，只是为了能够尽快办成事情，早一天将全团搬到广州，早一天能安居乐业。陈翘心里承受着巨大的压力与无处可诉的委屈。自己除了一张嘴，唯有一支笔。现在，她独自对着台灯伏案写信，陈翘只想告诉这位救命恩人王局长，告诉他发自内心的感谢。感谢不需要文采，因为情真。信写得很顺利，一气完成，复读一遍，几乎被自己感动。在信的末尾，陈翘写道："随信寄上一篇报告文学，只想让你看到我本来的艺术家形象，陈翘实在并非只是一个乞儿。"

规划局最后批下了位于赤岗的一块地，面积15亩。

广州的天气说热就热起来，春天还没有留下印迹，夏天就紧随而来了。民委主任黄康和陈翘以及一行人来到赤岗。眼前是一大片荒地和臭水塘，远处是竹林，附近有农贸市场、学校，远处就是珠江电影制片厂。草丛中不停飞出各种小虫子，叮咬在皮肤上，留下一个一个大大的红疙瘩，奇痒无比。黄康汗流浃背，摇着手里的草帽说："这地方好，你说呢？"他将目光转向陈翘。

太阳猛烈地晒着，地上的草蔫头蔫脑，树上的知了在拼命地叫着，空气中混合着阳光与泥土青草的气味。陈翘兴致勃勃，眼前仿佛就是几幢大楼，那些朝夕相处的老团友，那些即将进来的新生力量，大家在这个新家园里排练演出，民族舞蹈的大旗将在这里继续飘扬。想得激动，嘴里应答着黄康主任的话："好呀，好呀。"

▌ 像个锱铢必较的会计

1982年是非常忙碌的一年，也是陈翘的个人价值在不同领域里得到最大体现的一年。她从此开始学习"分身术"，大脑工作思路的分身，以及身体的分身。

这一年，邓小平同志访问朝鲜，朝鲜方面为欢迎中国领导人演出了大型歌舞《光荣颂》，小平同志深受感动。他对访问团里的词作家乔羽说，60年代，我们有了音乐舞蹈史诗《东方红》，反映的是中国共产党的光荣历史；80年代，我们还要排演一部大型歌舞，以表现中国人民革命斗争的光辉历程。回国之后，有关方面遵照小平同志的指示，成立了大型歌舞《中国革命之歌》领导小组，文化部副部长周巍峙任组长，副组长由乔羽担任，主管一切编排演创事务。创作组里有作曲、作词、舞蹈、舞美、灯光、服装等，共计1300多人。编导组中以北京的、部队的为主，外加部分地方编导，共十几人，所有被抽调人员的档案都送到了中央书记处统一管理。

北京的通知到来的时候，陈翘正在与赤岗15亩地的原所有者谈判，每一天都是百事缠身。能够被选中参加国家组织创作的《中国革命之歌》，这是编导最大的荣幸。如是放在半年前，陈翘定会神采飞扬，让所有的朋友们分享她的这份荣耀。现在，连高兴的时间都没有，更奢谈高兴的心情，诸多烦琐诸多不顺。

按国家规定，征收土地需要给土地所有者经济补偿，补偿多少依具体情况而定，以双方洽谈达成的协议为准。谈判进展不太顺利，一连多天，陈翘在烈日下四处奔波，找各级相关领导，为了可以少付一些钱，这是唯一的目的；不是不想给，实在是囊中羞涩。

村民经过讨论，要求歌舞团吸收30个村民进团工作。陈翘大惊，反问村支书："我们从海南过来的业务骨干才50多人，你们进30个，都干什么呢？歌舞团是要艺术人才，总不能设30个扫地做饭的岗位吧。即便可以用，团里也没有资金养活他们。"

谈判进展缓慢，双方都有自己的要求，不达目的不罢休。村支书代表村民表达意见，土地一次性卖掉，以后不再属于自己，不再有权处置和提出任何相关条件，所以村民必须在此轮的谈判中获得最大的利益。陈翘拖不起，她没钱也没有时间，只有一个装扮出来的强悍态度。

几轮来回，村支书出主意以钱换人，每人给予2000元补偿费。陈翘快速地算出，30人共计6万元。她心里想给钱总好过进人，新成立的歌舞团，还留待大展宏图，进来30个村民，占去了团里业务人员的名额。

为了前期的各项工作顺利展开，陈翘从歌舞团抽调了两位同志，乐队队长许昭和小号手王国帮，三人组成临时筹备小组。陈翘与许、王达成默契，凡事他们俩打先锋，实在不成再抬出陈翘。而陈翘的底线是没有钱，只有厚脸皮和磨嘴皮。

这边协议刚写好，许昭来了，他带来的消息让陈翘哭笑不得：农民们连夜插了许多的竹子。因为，按规定，每一根竹子都是农民的私有财产，歌舞团需要给予补偿。一共是三笔账，每一亩地的钱，每个劳动力的补偿费，每家每户私有财产的补偿。陈翘硬着头皮与村书记一笔笔地算着，像个锱铢必较的会计。

根据市价，由农民来定每亩地的价格；对于后来突击种的竹子，请来区征地科的人裁判，连夜种下的不算数，农民坚持无论如何要赔偿一点。陈翘有自己的办法，农民们怕谁，她就去找谁，态度友好而语气强硬地对村支书说："希望你们从全局出发。"

陈翘还在谈判，与各式不同的人谈判。今天是农民，明天是建筑包工头，还有各级的政府官员，等等。在陈翘眼里，谈判就是谈，不是吃，更不是玩。这一切都是如此陌生，与舞蹈动律、音乐节拍、舞台布景、演出效果等相去甚远。夜深人静时，陈翘瞪着清醒的双眼，不明白为什么自己会变成今天这样，在无数的陌生细节琐事中，游移自己的身体与大脑。

现在，地皮有了，接着就是盖楼房，由谁来建？民委经过讨论介绍了一个包工头。但动工之前先要有设计图纸，市设计局与省设计院，请哪一个或者两个都请，等两份图纸出来从优选择？省、市两家设计单位都有自己的包工队，到时候用不用他们？两家设计单位的图纸出来又需要不断地修改，每一次的修改费该付多少？尽管这些具体的事务是由许、王在操办，但大的方向还得由陈翘把关，尤其是钱的问题。

拨下来的钱在民委的账上，陈翘手里没有现金，平时办公、外出车费、饭钱都没有着落。在陈翘的严格控制下，歌舞团驻广州办事处的三个工作人员，不管白天在哪里干活，吃饭时间都得尽量赶回民委食堂。批文下来的那一天，许昭请求奖赏，看着又黑又瘦的许昭和王国帮，陈翘心里发酸，她哪里不想让大家吃得好一点呢？但一想到海南团里的人很困难，胃立即胀满，连胸口都堵上了。不过，今天实在是高兴，他们破例在路边的一个大排档里，点了一只鸡。

设计图纸一次次修改，一次次追加费用，简直是要了陈翘的命。她挖肝掏心地痛。她从来没有这样与钱较真过，在个人的几十年生活中，喜欢美食、漂亮衣服、喜欢浪漫情调，更喜欢与人同乐，这些都是有经济做基础的，在团里她拿高薪，生活相对优裕。但是，现在为一个团当家，她感到了从未有过的窘迫，早已忘了风度与情调，每一分钱给出去都会留有手心里的温度。

终于，图纸通过，与工程队洽谈完毕，挖土机轰隆隆地开进了工地。望着尚是一片荒芜的土地，陈翘有了片刻的遐想，梦想就在这里起飞，一个新的民族歌舞团将在这里诞生。陈翘长吁一口气："总算是动工了。"

刘选亮从海口赶来，他来接陈翘的班。

"你去吧，这里有我。"刘选亮的话很简单。

身为团长，在这一段时间里，刘选亮在海口承受的压力不比陈翘轻。许多事情相当棘手，比如全团180多人，什么人留下，什么人去广州，光是这一项就够麻烦。原则上，业务骨干和没有家庭拖累的单身人士随团迁到广州，但个别人本就是天地不怕、谁也不敢惹的。他们现在眼看着有机会去大城市却轮不上自己，哪里肯轻易认输。他们公开散布言论，只要刘选亮敢当众宣读名单，他们将让他白刀子进红刀子出，一时间，空气中充满了血腥味。

除了非专业人员，专业队伍中仍有各种情况，有人担心新环境难适应，生活与工作质量反而下降，比不上在海口的水平；有人不愿与家人分开；等等。诸多个人因素形成了复杂的局面。刘选亮把握大原则，尽量处理好每一个人的进退。

直到妥善安置好多数人后，刘选亮才赶到广州接陈翘的班。

在歌舞团濒临解散的时候，刘选亮临危受命，他其实并不情愿。多年的淡泊处事、不求有功但求无过、息事宁人的生活态度和对于世态炎凉的深刻体验，使他与世无争，与人无争。但当责任落到肩上，在犹豫、拒绝、徘徊之后，他决定挑起重担。他是这样的性格，既然躲不过，就承担；既然承担，就尽心尽力。刘选亮习惯用眼睛看世界，用脑子思考问题，刘家的话都让陈翘一人说了，刘选亮习惯看着陈翘在人前人后不停地说话，他喜欢看着陈翘高兴，喜欢看到陈翘得意。

刘选亮没有透露任何情绪，他不想给陈翘带来负担，在他看来，这是唯一能够帮助妻子的。"我要开始当监工了，不容易呀，管这么多人。"刘选亮开玩笑地说。

"你别以为容易。"陈翘的神经太紧张，并没有体会到刘选亮的故作轻松，"有什么事就给我打电话，第一时间通知我，听到没有？"陈翘很严肃，一副公事公办的样子。

"只管去吧，没事的。"刘选亮用一贯的轻松语气说道。

陈翘满腹心事，一方面，地皮落实了，工程在推进，这是高兴的事；另一方面，她不清楚工程款能不能及时到位、够不够。从没有担负过如此重大的责任，陈翘心里沉甸甸的。对刘选亮她是放心的，但也担心他不跑关系，如果有问题出现怎么办。带着满腹的心事、带着北京的通知，她去了《中国革命之歌》剧组报到，暂时放下了工地。

歌舞团的工地上，挖土机日夜工作，工人们赤裸上身，黄色的安全帽在太阳下闪着刺眼的光，刘选亮、许昭和其他几个人，从早到晚守在工地，尽职尽责，舞蹈创作、音乐旋律，全都抛到了脑后，眼前的最大事业便是看着工人们一砖一瓦地建起他们心目中期待的大楼。

几个星期后的一天，太阳懒洋洋地照着，小个子许昭走过来，蹲在刘选亮的身边，同时递上一根烟。

"刚才包工头说了，钢筋和水泥都快没有了。"

刘选亮听着，没有马上接话。

"要不给陈团长打电话？"许昭问。

"打吧。"

求人的事情，只能靠陈翘，说心里话，他做不了这些事，即使可以也不愿意。求人矮三分，他一贯是宁可没有也无法低声下气。此时，他在心里说："翘呀，对不起，我开不了口，实在是难。"

接到电话的陈翘，第二天就飞回了广州。尽管大歌舞剧组里正在紧张地讨论节目框架结构，编排任务很重，规定任何人不得请假。好在陈翘自能应对，她得到了周巍峙和乔羽的支持，在纪律不允许的情况下，给了她特殊待遇。乔羽对陈翘说："谁让你还是一个正在困难时期的歌舞团的副团长呢？还启动了如此惊天动地的一个大搬迁和大建设的工程。"

一路南下，陈翘已经想好了要找的人，省物资局局长。此人原是海口市委书记，在海南时，他们已经打过交道，当年他支持海南民族村的设想，并且落实地皮，事情没有下文也只因后来他工作变动到了广州。陈翘从白云机场直接到物资局，敲开局长的办公室大门，一声招呼后就自己落座了，行李包随手放在一边。

"什么事，这么急？"局长一边倒茶水，一边问气喘吁吁的陈翘。

"我们没有钢筋水泥了，工程队马上要停工了。"

"哦，去北京开会呀。"局长绕开陈翘的话。

"北京准备排《中国革命之歌》大型歌舞，是邓小平同志要求的，我被调去参加编导组。"陈翘耐着性子解释，原本可以大大炫耀的事情，现在讲起来也觉得浪费时间。

"那好呀，又有新节目看了。"局长笑着说，依旧不谈钢筋水泥的事。

"我们没有钢筋了，水泥也没有了。"陈翘忍不住又说了一遍，声音大了起来，几乎从座椅上站起身。

"不要着急嘛，从机场直接来，水还没有喝一口。"局长平常的语调终于让陈翘放松下来，她端起面前的茶，太烫，只能一口一口地喝。

　　陈翘的理由和再三的请求打动了局长，所需材料终于送到工地，确保了工程顺利进展。

　　陈翘来到工地，包工头点头哈腰满脸堆笑，他知道这个"老板娘"有本事也有脾气，伺候不好自有苦吃。

　　"陈团长，中秋节要到了，我们准备了一些月饼。"包工头巴结地说。

　　"我们不要。"陈翘大眼一瞪，警惕地望着包工头。

　　几个月前，工程正式交给包工头后的一天，许昭跑来通报一个消息，包工头要给他们六万元的工程回扣。陈翘大惊失色，立即指责包工头居心叵测。包工头指天发誓说这是行规。

　　"回扣是给歌舞团的。"看着陈翘刀枪不入、滴水不进的样子，包工头识趣地改口。

　　"回扣我们是不会要的，你把这笔钱全部用到工程上，把好质量关，要多用水泥少掺沙子，最好不掺。"陈翘想都没想，态度之坚决，让包工头想起了电影里的江姐和吴清华。

　　包工头不敢再多嘴，心里暗自嘀咕："你说怎样就怎样吧。"事后，包工头对别人说，没见过这样谈工程的人。

　　此时，包工头说到月饼，像是做了亏心事一样不自在。旁边团里的人接了话："陈团长，收下吧，也算是犒赏我们兄弟嘛。"

　　陈翘被这句话打动，想了想，对许昭说："好吧，留下几筒，剩下的全部送到海口演出队去。"

　　看着几个人可怜巴巴的眼神，陈翘的心被揪紧了。这些日子里，自己变得像只铁母鸡，谁提到钱之类的敏感词汇，都得跳将起来，恨不得把给出去的钱又都要回来。再就是对包工头等人，像是对待阶级敌人，防范大堤早已筑成了铜墙铁壁，外面太多关于包工头如何行贿继而偷工减料，制造豆腐渣工程的报道。陈翘想到此就不能有一刻安宁。她要杜绝，坚决杜绝。

　　刘选亮一路走来，整天在工地日晒风吹，又黑又瘦，头上一顶草帽，破汗衫、短裤、拖鞋，形象差不多接近工地上的建筑工人了。走近时，刘选亮扔掉了手里的烟头，并用鞋底碾了一下。陈翘从不喜欢刘选亮抽烟，但现在她觉得似乎只有抽烟可以缓解他的紧张情绪了。

"我收到儿子的来信。"陈翘对刘选亮说。

儿子在信中说想妈妈，15岁的儿子从出生到读书，她这个做母亲的给予的关心太少了，尤其是现在，更是分身乏术。北京、广州、海口，创作、土建、搬家，事业、家庭，太多的事情扰得她心里难有片刻的平静。好在陈翘天性乐观，在她看来，没有克服不了的困难。一天不行，一个月；一年不行，两年。这是她应对生活的态度。唯有对待儿子不能多想，刘选亮了解这一点。

"去看看吧。"刘选亮指着已经建到四层高的家属楼。

这是陈翘高兴的，不管怎么说，楼房在一层层往上长高，按这个速度，半年的时间就可以封顶了。

包工头跟在后面做着解释，他从心里怕这个女人，许昭等人经常抬出陈翘吓唬他们，说她是个通天的人物，如果有问题，你们是绝对逃不掉的。几个人来到半截楼前，陈翘东看看西看看，说："不许偷工减料，不许放沙，要多放水泥。"盯着工人看的眼神又冷又薄，像刀片。对于自己倾尽所有心血的歌舞团的一点一滴，她都异常的紧张和严格，绝不允许他人有丝毫的差错，她要求完美无缺，尽善尽美。

包工头在一旁点头哈腰，重复陈翘的指示："不许放沙，多放水泥。"一年后，团里人分到住房，装修的时候才发现甚少放沙的水泥墙是钢打铁造的，人工铁锤几乎无法撼动，人人都在抱怨。得知后，陈翘哭笑不得。

巡视完，天也黑了，吃了饭，刘选亮和陈翘回到临时宿舍，她明天又该要回北京了。这一夜，陈翘和刘选亮心事重重，难以入眠，看着窗外的天一点点亮起来，一个问题困扰着两个人：歌舞团搬来广州以后怎么办？

第六章　咬定青山

▎ 爹亲娘亲不如党的恩情亲

在近两年的时间里，因为搬团之后的设备、演出、发展等事情找领导，陈翘成了经常出入省委、省府大楼的常客，她甚至有一张省委保卫处的自由出入证件，这是谢非的秘书代为办理的。从刘田夫省长到黄静波副省长，从谢非书记到张帼英副书记，从纪委书记王宗春到主管文教卫的副省长王屏山、主管宗教民族华侨事务的副省长凌伯棠，以及宣传部部长陈越平、广州市委书记许士杰，等等，这些人对于陈翘来说，先是朋友，而后才是领导。

去见王屏山副省长之前，他在电话中对陈翘说："我正在开省长会，门卫会拦住你的，你让他们给我秘书黎锡锦打电话。"

坐在王屏山的办公室里，陈翘一肚子苦水，一气讲了两个小时，王副省长静静地听着，偶尔站起身为面前的水杯续上水，再坐下专注认真地听着，目光温和。

"以后，你有什么委屈，就来说说，我没有权，没有钱，解决不了多少问题，但我可以当你的出气筒。"王屏山很认真地说。

陈翘跟着笑起来，心里所有的委屈与不平随之烟消云散。

同是女性，又是来自海南，张帼英认识陈翘是通过那些美不胜收的黎族舞蹈，她欣赏陈翘的艺术才华。初次见面，张帼英取出自己的降压手镯，她让陈翘要注意身体。

"你可以在任何时间来找我，我的办公室大门随时为你打开。"张帼英视陈翘为妹妹。

一个清风送爽的晚上，陈翘的家门被敲开，这是陈家有史以来到访的级别最高的客人——只身带着秘书的省委副书记谢非，他没有惊动任何人。狭窄的家里，四处是东西，显示出主人平时生活的紧张与忙乱。一阵手忙脚乱之后，书记找了一张椅子坐下。

"你们别紧张，我是来串门的，不请自到，是不速之客。"谢非开玩笑地说，并且反客为主地让刘选亮和陈翘坐下说话。

"我今天来只有一个目的，听你讲讲你的事情，不会有打扰的，陈翘，你慢慢讲吧，话有多长就讲多长。"谢非身穿灰色的夹克衫，蓝色长裤。身体放松地坐着，眼睛环顾四周之后，落在陈翘脸上。

演讲极其生动，从童年的遭遇到参加革命，从潮汕文工团到海南歌舞团，从作品《三月三》到世界金奖《草笠舞》，从海南偏远之地到北京全国舞蹈界的影响，从高举民族舞蹈大旗到民族歌舞团的生死存亡，声情并茂。

快要结束的时候，她话锋一转："书记，现在我们最大的问题是设备陈旧，音响、灯光，都是在海南用了20多年的，全团只有两架破钢琴，我们费劲地从海南搬来广州，就是希望能改善设备，盼有一个好的条件。同是省文化厅的下属文艺团体，我们与省歌的待遇相差太大，观摩学习演出没有我们的份，设备投资也可怜至极。能不能请书记出面协调一下，哪怕是省歌淘汰下来的设备，给我们一些。"虽说是在诉苦，但语气里却有一种硬气，谢非哪有听不出之理。

谈话的效果是显著的，歌舞团的设备得到了改善，从此，每逢各种演出或是重大活动，见不到陈翘的歌舞团的演出，谢非总会提起来问一问，这习惯一直到他升为省委书记时依旧。

在省委的办公大楼里，张帼英的办公室在四楼，谢非在三楼，纪委书记王宗春在二楼。只要进到大楼，陈翘会从四楼一路下来，推开房门打个招呼坐一坐。每次走进谢非办公室先见到陈秘书时，陈秘书必定会打趣："今天又来骂共产党啦。"

"不，不，今天不骂，今天只来看领导。"陈翘高兴的时候，像个得宠的孩子，无拘无束，春色满面。她不高兴的时候，也是所有人都看得出，乌云密布，风雨满楼。

在陈翘的眼里，任仲夷、刘田夫、黄静波、王屏山、陈越平、谢非、许士杰、张帼英、王宗春、郑群等等，都是她心目中的共产党员代表，他们是艺术家真正的朋友。

极浓的艺术家气质，加上女性的感性，陈翘对于谁是朋友、谁是真正支持自己的问题相当敏感，并以己之标准去判断身边的人，好人进天堂，坏人入地狱，是非鲜明，爱憎分明，没有中间地带。要成为陈翘的朋友很容易，一份真情便可以换来她十分的诚意。在陈翘的人生岁月中，她与两类人关系最为融洽，一是最高层的领导诸如省长、书记，一是最底层的诸如司机、门卫。

在与众多领导的友谊中，她与许士杰的往来最有可述性。早在海南时他们已认识。任肇庆地委书记期间，许士杰在一次演出结束时，得知陈翘血压很高，相当危险，立即安排她住进了留给他本人住院检查的病房，并且一住就是三个月。许士杰告诉医院，要好好照顾我们的艺术家。

事隔几年，再一次见面时，陈翘满面倦意，十分疲惫。

"遇到什么问题？"

此时的许士杰已是省委常委、广州市委书记，他深思熟虑、富有长者风度，在战争年代出生入死，性格中有军人的勇气，也有诗人的儒雅。他欣赏陈翘为舞蹈艺术执着不息的追求，也欣赏她槟榔树般宁折不屈的性格，只要有需要，他会给陈翘最有力的帮助。

"我们演员的人身安全不保，经常受骚扰。"陈翘锁着眉头。

此时，南方歌舞团在各方的支持与帮助下刚刚迁进广州，一切都在安置中。大门没有修好，整个赤岗也尚在开发中，歌舞团门前的路还未成形，周边的流动人员身份复杂，形成极大的安全隐患。歌舞团年轻女演员进进出出时常受到骚扰，有些坏人甚至躲在楼梯的拐角，乘机抱住上下楼的女演员，团里人心极其不安。

"有没有找派出所？"许士杰问。

"不知找了多少次，解决不了。"陈翘的脸又红了，这次是气的。

"我会去看看，帮你解决。不要着急，不要生气，这对身体不好。广州的医院床位紧张，不比肇庆的。"许士杰开玩笑地说。

几天后，许士杰的车到了歌舞团门口，同来的还有市委办公室主任巢振威、海珠区区长和派出所所长，长长一溜的小车将整条不宽的赤岗路占得满满的，过往和街边的人都在翘首看着，纷纷议论是什么大人物驾到。歌舞团里也是热闹非凡，所有的人都跑了出来。陈翘穿过人群迎上前，与许士杰握手打招呼，许士杰则将区长和所长等人一一介绍给陈翘。

市委书记现场办公，对区长和所长说："歌舞团从海南搬来不容易，这些从事艺术的人，这些年轻漂亮的女孩子，我们需要好好地保护她们，这是我们的职责。"

区长向书记保证，并且指示派出所所长："加强管理，重点维护这一带的治安，抓紧时间安装路灯，不要出现问题。"

随后许士杰来到陈翘简陋的家中，看到陈家仍在烧蜂窝煤，便指示身边的人送来煤气瓶。

这一天，陈翘相当兴奋，市委书记亲临歌舞团现场召开工作会议，不仅她心中的块垒放下了，而且让团里团外的人看到了她并非只是一介弱女子，她的身后有强大的支持者。派出所维护治安，全团人尤其是年轻的女演员们，从此可以高枕无忧。但陈翘在兴奋之余万万没有想到，书记大驾光临给她带来风光的同时，也埋下了隐患。

酸言酸语很快就传到了歌舞团："你们行呀，找到市委书记。"

老百姓的话是：县官不如现管。书记们不能整天守在歌舞团，他们的作用只是交代任务下去，落实者则是现管。陈翘有苦难言，她这才知道书记的到来是得罪了这些现管，心里万分委屈，但那都是数次反映无效后的被逼无奈之举。

陈翘总是纳闷，她找省长很容易，却与厅长犯冲；与书记可以推心置腹，却与基层干部对面话短。为了解决问题，她只得绕道而行，远处有她的上方宝剑，但挥剑斩草时却总是深深地伤到自己。这些问题让她困惑难解，仿佛迷宫，置身其中绕了一圈又一圈，无法找到出口。她不知道关节点在何处，不知道绿灯何时才会点亮。然而，陈翘的性格是不会后退的，尽管问题一再出现，但她不会放弃，朝着自己的方向大步前进。

1986年，任广州市委书记期满的许士杰递给陈翘几封写给有关领导的介绍信，下面是他的亲笔签名，许士杰说："以后你还会遇到许多问题，这些介绍信可以帮上你。"

许士杰对陈翘有着父亲一般的呵护之情，他了解这位过于刚直的舞蹈家，敏感好胜，却不懂人情世故。陈翘接过介绍信，她知道离开许士杰支持的南方歌舞团，将会有更多的障碍需要自己去克服。

1987年，67岁的许士杰出任海南建省筹备组组长，随后任海南省委书记。在许士杰看来，陈翘的离开是海南文艺界的一大损失，他亲自写信询问她能否回海南兼任文化厅副厅长或顾问。接到信的陈翘既感动又为难，她担心自己精力不够，仔细考虑后谢绝了许士杰的邀请。

"五一"国际劳动节，难得休息在家的许士杰看着家中花园里的铁骨素心兰花，诗意大发，提笔写下《赞五指山——铁骨素心兰》：

> 频经风雨出幽林，
> 碧玉飘馨展素心。
> 铁骨秀姿蜂蝶远，
> 骚人香祖结知音。

这一天，他刚好收到陈翘寄来的信，陈翘对于有所耳闻的"洋浦"事件表示关心，为老领导、老朋友捏一把汗，她知道改革者是有风险的。同时，她告诉许，她即将举办个人舞蹈事业四十周年的纪念活动，准备带团去海南演出黎族舞剧《龙子情》，并问可否在经济上给予支持。许士杰随即回信，他这样写道：

"你那献身于民族舞蹈艺术的不平凡抱负，为黎族舞蹈所取得的成就，不是很多人理解、了解，我和我所知的几位在广东管过文化工作的老同志，对你是有了解的，你那槟榔似的性格，是不会被困难所压弯的。"

信的末尾，许士杰许诺要专门写一首诗，祝贺陈翘的四十周年庆祝活动。

在许士杰看来，兰花铁骨素心，暗合了自己的品性与情怀，无所畏惧，无欲无求。陈翘执着于黎族舞蹈事业的抱负，槟榔树一般的性格，也契合了许士杰的价值观，他赞赏陈翘，引为同调。兰花的诗写完，复读一遍，再用宣纸便笺抄写，随信寄出，他愿意与陈翘共勉。

1988年春节，许士杰在家休息时，提笔再度为陈翘写下一首诗：

五指山中一楚翘，黎村苗寨山水遥。
吸取风情编曼舞，升华劳动化蛮腰。
翩跹草笠倾欧美，缭绕竹竿织鲛绡。
霜云几番声更朗，槟榔玉立育新苗。

之后，许士杰身患重病，卧床治疗，其间几度昏迷。一次清醒，刚好陈翘来探望，他神情好转，问起陈翘从艺四十周年庆祝活动的事情，并说诗已经打好腹稿，待身体状态允许就写出来。之后，他先给了陈翘一张用圆珠笔写下的手稿，几天后护士递上许士杰写好的一张书法作品，上面是为陈翘所作的诗。未读诗，眼泪先夺眶而出，她知道如此体虚的许士杰写下这样一张书法要耗掉多少气力：

粤东雏凤渡琼州，远搏绝非汗漫游，
破浪乘风翅更健，穿峦入洞态尤优。
飞入五指山，越过万泉河，
化作黎家女，筒裙起婆娑，
背带小竹篓，攀岭采山歌，
共饮山兰酒，根深果自多。
涉涧作"摸螺"，潜海创"踩波"，
"三月三"瞩目神州，"草笠舞"震动环球。
中华文化光芒万丈，生活之树春永留，
民族花圃苗新秀，南方黎舞数风流。

1991年7月，广州迎来了入夏以来最热的天气，骄阳当空，酷热难耐，在医院病房里，许士杰已经昏迷多日，医生开出了病危通知单。病床边围满了许家的亲属，陈翘是唯一的外人，在许家人眼里，她是自家人。

六岁的时候，失去父亲，她太小不懂；四十多年后，像父亲一样的许士杰走了，她痛彻心扉，宛如孤儿般无助而难舍。那是她精神的支柱，心灵的父亲。

至今，她珍藏着许士杰的所有信件和手稿。

▍黑白分明的性格是把双刃剑

刘选亮确定了回海口召开宣布名单大会的时间，原海南民族歌舞团180人中有55人去广州，余者留在海南，歌舞团所有的硬件设备、场地及人员，全部托管给海南。55人的选择条件是业务能力强、有事业心者，这份名单由省民委和海南文化局以及刘选亮、陈翘多次商定后落实。

海口歌舞团里的散伙会顺利召开，名单顺利宣布，尽管没有出现恶劣态势，但各种舆论喧嚣尘上：刘选亮与陈翘开"夫妻店"，独断专制，粗暴霸道等等。言论随着搬家的车队，越洋过海来到广州，在新近落成的尚未完全修整好的新团里继续四处流布。

陈翘从未在意过别人的说法，现在更加不把闲言碎语听进耳朵里，此时的她心分两处，一边在北京继续讨论《中国革命之歌》的框架结构和创作"海底焊花"，努力寻找新的艺术表现形式；同时为团里的工作正常开展以及出国演出，四处筹款、拉赞助。陈翘从一个舞蹈编导变成了社会活动家，她的个人能量大到足以让反对者目瞪口呆，不得不信服她的超强活动力，而她的脾气也更加急躁起来。周围人跟不上她的思路的，行为上不符合要求的，更不用说违规不守纪的，只要被陈翘看见听见，就一定难逃刀子一般的训斥。新进歌舞团的年轻人见到陈翘就是老鼠见到猫，他们偷偷称呼陈翘为"老板娘"。

递交了七年的入党申请书有了回应，共产党的大门终于向陈翘打开了。在与组织上来人的谈话中，陈翘的情绪相当激动，她说："要我现在像先烈们那样马上赴越南前线，在战场上牺牲生命，我会有思想斗争，但与目前有些党员党性不强、利己为己的表现相比，我早就应该是共产党员了。"

这就是陈翘被称为"玻璃人"的原因，无遮无拦，爱憎分明，快人快语，喜怒形于色。正面评价是我行我素，性情中人；负面评价则是，唯我独尊，自我中心。这黑白分明的性格是把双刃剑，带来阳光的同时，也造成了阴影，那阴影如影随形，一生难离左右。

1989年，歌舞团正式改名为南方歌舞团，陈翘的中心任务是组建队伍。招聘公告发布，全国各地的文艺人才蜂拥而来。在南方歌舞团里，陈翘亲自面试。

"你喜欢民族舞蹈吗？"

"喜欢。"这些人早就探清了陈翘的底细。

"你会坚持民族舞蹈事业吗？"

"当然，一生坚持。"目光坚定，表情庄严。

"目前，我们团还很困难。"

"只要有一张床的位置，其他什么都不需要。"

"我们是不能'炒更'的，生活会很艰苦。"

"我来是为了民族舞蹈事业，不是来享受的。"

"你不会后悔吗？"

"我要做第二个陈翘。"

这话真是说到陈翘的心坎里了，她激动地立即拍板，告诉年轻人回去等调令吧。几年间，新人从四面八方涌来，全新面貌的南方歌舞团里充满了来自大江南北的口音，新生的南方歌舞团一派欣欣向荣的气象。

陈翘的想法很简单，只要来人有事业心、有能力、她认可的，立即调进，调动手续一律由她去找人事部门办理。求人，赔笑脸，无需调入人花一分钱财、出一丝气力，她也从未收取一丁点好处。陈翘看着这些即将进入歌舞团的笑脸，都像带着清晨露水的花儿绽放，陈翘的心里便溢出了希望。

周末的下午，陈翘如约来到凌伯棠的办公室，这位分管民族宗教华侨事务的副省长同样是陈翘民族舞蹈事业的坚强后盾。凌副省长仰靠在背椅上，双臂向两侧打开，使劲伸了伸身体。工作了一天，见到陈翘是一件高兴的事，他知道陈翘的到访不只是聊天。

"让我猜猜你来的目的？"凌副省长开玩笑地说。

"我是无事不登三宝殿，而且是搞不定的大事情。"陈翘悻悻然。

一位在海军俱乐部工作的青年人，聪明能干自学录音，达到专业录音水平，他愿意来歌舞团工作，这也是团里的所需。但是，按照国家政策，这位湛江农村的青年复员应该回到家乡。陈翘铁定了心要调入这位录音师，她知道只有找到省长才能办成她想办的事。

"原则上，复员军人是从哪里来回哪里去，这事办起来难度很大。"凌副省长看着陈翘说。

"我知道很难，所以来找省长支持嘛。"

陈翘是单线思维，所有的出发点都是为了歌舞团的发展，而歌舞团的发展最终为的就是民族舞蹈的事业。从这个意义上说，调动一个人并不是单纯的个人工作调动，它关乎民族舞蹈大事业。这事说有多大就有多大，这就是陈翘的逻辑。

"就算我支持，你还要跑很多地方，人事部门、军转办都需要协调，把你的理由跟他们好好说清楚。"凌副省长大手一挥。

陈翘来到人事部门，有省长的话，加上歌舞团确实需要，各部门网开一面，事情顺利完成。复员海军战士成了团里正式的录音师，户口落入广州市，身份从此改变。

这一时期，随着经济大潮的汹涌澎湃，其他艺术团体的舞蹈演员、乐手们纷纷夜晚外出"炒更"，有些人更是连轴转跑场，一个月赚的钱比一年的工资还要多。社会上的各类娱乐场所越来越多，各类招聘唱歌、跳舞的招贴随处可见。眼见着熟悉的人口袋丰厚起来，有人在换大房子，有人买私家车，发财的神话遍地都是，仿佛只要走出歌舞团的大门便会变成有钱人。经济形势蛊惑着团里的年轻演员，大家蠢蠢欲动，原本信誓旦旦绝不外出"炒更"的人开始有了怨言，原本只需一张床的人，在分到楼下住房后抱怨为什么不是楼上，有了西边房子的人埋怨西晒。每天都会有人向陈翘理直气壮地提出更高的要求。

然而，陈翘毫无商量余地地规定：歌舞团所有的演职人员一律不许"炒更"。她无法接受舞蹈艺术沦落到哗众取宠的地步，更不能接受自己精心挑选、寄予厚望的舞蹈演员，只为追赶潮流在短短的时间里迅速地发生着变化：从誓言献身民族舞蹈到偷偷外出"炒更"赚钱，第二天则装病不起床练功。陈翘的失望变成了愤怒，她的态度越来越强硬，火气越来越大。而心里痒痒、眼看着钱放在那里不能拿的人，他们不懂为什么陈指导这般无情无义，与钱过不去。

陈翘是不开窍，当初歌舞团搬迁批文下来的时候，她一心盼着建起大楼；大楼一层层建起时，她又一心盼着全团搬迁；全团搬迁了，则盼着招进新鲜血液；年轻人来了，眼看着自己民族舞蹈的梦想就要实现了，队伍却再次四散而去。陈翘完全不明白这些年轻人为什么与自己的想法南辕北辙？为什么前面的话还未落音，这边就变了腔调？

▌ 最大的心愿是好好地睡一觉

来到广州后，好不容易有了一个虽不懂业务但真正关心歌舞团的主管——省民委，歌舞团过上了一段有人疼爱的日子。然而，随着海南建省，广东民族歌舞团面临着新的命运选择。广东省民委撤销改成民族宗教局，新机构不再适合为其主管，而省文化厅、宣传部也都不再主管歌舞团。陈翘考虑很久，照旧走民族舞蹈之路行不行？广东的少数民族不多，如果放弃民族舞蹈的建团特色，与省歌和其他歌舞团有什么不同，它还有存在的必要吗？当初，花了天大的精力，从海南搬迁到广州，就是希望有新的发展，就是希望打了几十年的民族舞蹈的旗帜能够继续飘扬，否则，所有的付出有何意义呢？陈翘渐渐理清思路，并得到文化部副部长周巍峙的支持。于是，歌舞团的业务不再限定在广东，将关注范围扩大到中南五省。随后，歌舞团改名为南方歌舞团，与广东民族歌舞团团名并用。

陈翘向负责民族宗教华侨事务的副省长凌伯棠汇报歌舞团的定位，继续打民族的牌，同时走华侨的路，寻求海外的发展。在凌伯棠副省长的支持下，主管单位改为侨办。在新的主管单位领导下，南方歌舞团以自身的实力在海外开展了各种演出，加上各种海外华侨文化交流培训班的开办，歌舞团为侨办争取了不少名声，也终于赢得了侨办的真心接纳。

一系列的变动使陈翘清楚地知道，歌舞团的最终出路在于改革，不改善经济收入，光靠向国家讨钱是留不住人才的。国家理应扶持民族舞蹈事业，找国家要钱，陈翘从来都是理直气壮。但国家的钱毕竟有限，陈翘开始与私人老板或国有企业接触。为了改善团里人的生活，为了给团里优秀年轻演员带来一个良好的创作演出环境，陈翘总希望找到一个经济来源，以彻底解决歌舞团的生存压力，但情形十分不顺。这里有两件小事可以说明。

在珠海，陈翘与一位吉林的老板相约见面，老板在饭桌上夸下海口要养起整个歌舞团。面对一个典型的暴发户，陈翘忍住了心里的不愉快，想到只要他说到做到，将歌舞团养起来，她可以安心创作，那么一切都可以接受。但是老板最终激怒了陈翘。

"你们有这么多漂亮姑娘，发挥发挥，还怕没有大把的钱？"老板的一脸坏笑让陈翘忍无可忍了。

陈翘即刻要走，没有达到目的的老板悻悻然，但还不忘掏出两百块钱，递给陈翘说，是打的士的钱。陈翘抬着下巴相当骄傲地表示："不用，市委已经派车来送我。"这实在是她在自尊心遭到严重伤害时的谎话，根本没有市委的车，陈翘转身离开宾馆，提着行李包去挤公共汽车。满怀委屈的回家路上，她甚至后悔告诉那个可恶的人自己是歌舞团的，这无疑是降低了自己的人格。在社会上一些人眼里，在歌舞团跳舞的就是一个舞女，在酒店大堂、夜总会等场合里为人卖笑的舞女。

另有一次，侨办领来一位有钱的企业家，企业家同样傲慢地说："不就是一年两百万吗？把地皮给我建商品房。"地皮是歌舞团用来建民族剧场的，陈翘为之操碎了心，她说地皮绝不出卖。陈翘夺门而出。事后侨办领导无奈地对陈翘说："好不容易找来一个赞助，又被你得罪了。"

陈翘苦不堪言。

从以舞立团、减少全团成本为改革目标出发，团里取消乐队，成立独唱独奏小组。新的做法直接损害到一些人的利益。而陈翘的"绝不许外出'炒更'"的严格管理同样换来了许多的非议。团里分出几派，有支持的，有反对者，也有墙头派。在反对者中，以年轻人居多，他们一致认为，"不许'炒更'不许'走穴'不许做生意"的团规太严，认为陈翘是不识时务的幻想家，脱离时代，跟不上潮流，阻碍年轻人发展。一时间，团里闹哄哄的，甚至有人扔石头砸碎陈翘的窗玻璃，支持陈翘与刘选亮的人也不敢上门了，只是通过电话表达态度。

陈翘离不开民族舞蹈，几十年的努力全在这个舞台上，所有鲜花、掌声、荣誉、光环都是来自这里。她深深懂得，获得成绩需要付出多少的汗水，她就是这么过来的。整整20年，包括数次的政治运动，她从来没有放弃过，无时无刻不在想着念着。一个作品的诞生、一个编导的成长不容易，一个好演员除了天资天赋，后天的训练是绝对离不开的。冰冻三尺非一日之寒，台上三分钟台下十年功，这些老话说得多么清楚明白。为什么，在这一代年轻人身上不起作用呢？

自我中心主义、理想主义、完美主义，这三者造就了陈翘，这三者也注定了陈翘在个人艺术领域之外经常会遇到窘境。因为，她站得太高、走得太远、说得太快而且做得太多，她要将自己的理想同样变成他人的理想，她要将个人奋斗的目标变成他人奋斗的目标。她视他人赞同自己为理所应当正常的；如果情况相反，她则会不解、惊愕以及拒绝、排斥。

陈翘对这个一手带到广州的歌舞团，感情之深难以言表。眼下团里混乱的局面，刘选亮疲惫不堪的身体和精神状况，陈翘身心俱疲，现在她最大的心愿是好好地睡上一觉。

侨办来人考察干部，准备换届，团里热闹起来。有个别想取代刘陈的人四处做工作，对外宣布如果让他来做团长，一定先解决大家的收入问题，允许"炒更"，让大家赚更多的钱。

民意调查的结果出乎所有人的意料，更加出乎陈翘、刘选亮的意料，百分之九十多的无记名选票投给了刘选亮。叫嚣最响的、有野心的人只获寥寥数票。侨办的态度很明确，必须尊重民意，顺从民心，这个团非得刘选亮当家不可。虽然刘选亮去意坚决，但经不起侨办领导一再做工作，勉强同意。陈翘依旧是艺术指导，这一组合不可改。不久之后，侨办将陈翘上报省委组织部，批准定为副厅级待遇。

转了一大圈，重新回到原点。南方歌舞团在经历了一段人事振荡之后，暂时平复。虽然在众多群众的强烈挽留下，陈翘选择了留任，但心里总有些失落，总有些隐痛。这些道不清言不明的东西在心里纠缠着，一再唤起不愉快的回忆，让她想到人性的丑恶、贪念、私欲。

从广东民族舞蹈的天地，扩大到广东省乃至全国的舞蹈界，她是有话语权的，加上天生强悍而外露的性格、真实而本色的性情，陈翘的形象从始至终无甚改变。她与周围相处多年的同事在一起，真实地活着，不为别人，只为自己和自己认定的理想。至于他人的眼光与言论，无足轻重。

并不在意他人眼光的陈翘，天然本色地活着，在她看来，一切法成于自然，一切法得于自我。活在自己的性情之中，有人称她为七种色彩的舞蹈家。

▌ 在国外演出的日子里

面对着全团的发展与生存，面对着种种冲突与矛盾，陈翘在团里的日子有着许多的不愉快甚至是痛苦，但是，创作与演出仍带给她极大的精神满足，尤其是一次次地代表国家参加世界各地的艺术节，被外国观众追捧与热爱。看着他们真诚的笑脸与眼神，陈翘体验到了作为一个中国舞蹈家、中国民间艺术家的无上光荣，也让她暂时忘记了生存、经济等现实困难。

这些年来，陈翘带着南方歌舞团的民族民间舞蹈跑遍了30多个国家和地区，参加世界各地的民间艺术节和各种慰问演出，在欧洲、亚洲、大洋洲、美洲等地，以中国舞蹈家的身份，以舞蹈访问团领队或艺术指导的身份，向世界各民族介绍中国黎族的舞蹈文化。所到之处，观众情绪之激动、之狂热，实在是国内未曾出去过的人难以想象的。在国外，陈翘既是传统民族民间舞蹈艺术，也是今天现代中国舞蹈家的形象代表。陈翘和她的演员们在享受艺术家待遇的同时，也体验着东西文化的差异，以及由于中国不为世界真正认识而带来的种种偏差、偏信，这些都成为陈翘记忆中难以抹去的珍贵片段。

　　一次，南方歌舞团代表中国与来自世界各地的民族民间舞蹈艺术家们，一起参加在意大利举办的艺术节。艺术节的活动从一个城市到另一个城市，连续多日，中国演员在陈翘的带领下，以遵守纪律、舞姿优美且极富民族特色令所有的参加团体印象深刻。这一天，陈翘得知当地的市长和艺术节的主席将出席晚宴，原本准时到场的中国代表团，在组委会通知的晚餐时间，集体"迟到"了。相比其他的艺术团，中国团是出了名准时的"好孩子"，但现在其他团的演员们都已整齐地坐在了自己的席位上，而中国团的餐桌前却是空无一人。正当组委会和其他艺术团纷纷猜测时，只见中国代表团的姑娘和小伙子们排着长队鱼贯而入，全场顿时掌声雷动，伴着口哨声、尖叫声，几乎掀翻整个会场。

　　原来，这是陈翘精心安排的一场别出心裁的亮相。艺术节开始以来，中国团的每个演员都是以演出服出入，而各自带来的展示身段的旗袍和首饰却一直锁在行李包里未得展示。今天是个好机会，陈翘让大家穿上最漂亮的衣服，小伙子们一律西装，而姑娘们则花枝招展，尽情地打扮。所有人的装束必须经过陈翘的最后检查方可通过，什么衣服配什么项链，什么颜色配什么鞋子。此外，姑娘们精描细化，红唇、粉脸、黑头发，加上细腻滑嫩的肌肤，每个姑娘都成了神秘古老中国的下凡仙女，每个小伙也都神采奕奕。陈翘自己也是一丝不苟，只管往最漂亮里打扮。

　　这么一队人款款走出，着实让在场的所有人都大大地"惊艳"了。艺术节组委会主任一脸惊喜地跑到陈翘面前，说："原已定好了明晚宣布开幕式的司仪，是一位意大利女孩，但现在，我要改变主意了，你们中国人让我太激动了，我要让中国姑娘来宣布艺术节的正式开幕。"

　　陈翘所要的意外效果达到了，她和团员们一起为自己的"表演"得意、开心，这可真是终生难忘的瞬间。他们有过许多次的出场，可从未有过如此轰动、如此狂热的场面，陈翘将之视为中国舞蹈家的精彩出场。

在国外参加艺术节，每一次都能碰到世界各地的艺术团体，其中美国、苏联和中国是最受欢迎的，这三个国家的艺术团都有自己的鲜明风格。美国艺术团以热情奔放著称，苏联的艺术家则以高超的技巧闻名，中国艺术团无论哪个省份的代表团，都以它特有的民族特色而令世界其他民族的观众倾倒。这三个国家代表团的演出总会成为艺术节最后的高潮。

《竹竿舞》的表演道具是一根根两米长的竹竿，飞机上托运有限制，在出发前，必须想办法将长竹竿截短，到时再用螺丝固定，费很大的气力。所以，通常情况下，最后一场演出结束，竹竿也就随之留在了演出地。有心的外国观众则将长竹竿截成若干小段，请中国代表团的人签名，他们说，等你们走后，我们会将它挂在客厅里，每天都可以看到，可以想念你们精彩而有魅力的表演，带来许多愉快的回忆。

《草笠舞》的帽子更是众多狂热的观众心仪之物，他们追着中国演员询问可否卖一个给他们，无法得到时，他们请求戴着草笠拍一张照片，才会心满意足地离开。看着金发碧眼的外国观众如此着迷，如此欣喜，陈翘便一次次为自己是个中国舞蹈家而感到幸运和幸福。

无数次的演出盛况，让陈翘强烈地感受到，只有坚持自己民族的文化与艺术，只有坚定地走自己的民族之路，才能被他人认可，才能在世界的舞台上拥有一席之地，因为你是你，所以，你才会是你。只有发出自己的声音，只有舞动自己的身影，你才会被世界记住。

南方歌舞团里曾有一位黎族乐器演员，在接触西洋乐器之后，鄙薄起自己黎族独有的乐器。陈翘跟他谈起了"我有人无"的唯一艺术的艺术价值。在新加坡的演出中，陈翘作为艺术指导被媒体采访，而这位世界上独一无二的中国黎族乐器手被记者追踪报道，文章占了报纸上最大的篇幅。从此，这位黎族乐器手靠着他的民族艺术走遍了全世界。

出国在外，总会遇到各式各样的事情。这一天，有人说当地正在举办一个中国文化图片展，请中国代表团去参观。到了现场，大家哑然失笑，原来所有的图片都是从一本中国挂历上拆下裱挂起来的，一共12张。看着当地人认真的样子，陈翘心里一阵悲哀，竟不知说什么。在他们的眼中，中国实在是太遥远了，他们无从认识，也根本不了解，在他们的想象中，中国人还是留着长辫子穿长衫的形象，中国是相当贫穷落后的国家。他们不敢相信眼前的这些漂亮的东方人就是中国人，他们反复地问："你们是中国台湾的？""是日本的？"陈翘指着挂历上的建筑物说："我们就住在这里。"挂历上刚好是广东的城市。

陈翘为西方人对中国的不了解感到深深的遗憾，她觉得中国的大门刚刚打开，世界还没有认识中国，一个舞蹈家理应架起让世界了解中国的桥梁。这桥梁正是舞蹈，舞蹈是没有任何理解障碍的艺术。这份无人赋予的责任便让陈翘自己扛上了肩膀。

当然，除了鲜花掌声口哨声，在国外演出的日子里，还有许多的趣事乐事，让一次次走出国门的陈翘和她的演员们想到就忍俊不禁。最深刻的记忆是生活中的吃饭问题。

中国人讲"民以食为天"，吃饭是头等的大事，中国人又是以善食而著名，但西方人有他们自己的饮食习惯和生活观。

这一天，中国代表团如期抵达艺术节报到现场，根据组委会的安排，演员与代表团带队领导依次先编好号码，被当地热情好客的观众领回家去住。同时，吃饭也就由房东负责，大家习惯地将这些房东称作老爸老妈。省委宣传部部长黄浩排了一号，首先被接走，住进一户农民家，陈翘也坐上了她的临时老爸的车。临时老爸是个富人，有别墅、花园、游泳池，家里的地毯是长绒毛，柔软极了。当晚的晚餐就各自随老爸老妈解决。等到第二天，大家再聚集见面时，有人抱怨饿了一夜，因为，老妈老爸拉开冰箱门问这些远道来的中国客人需要什么时，这些中国年轻人笑容可掬甚为礼貌客气地摆着手。这些高鼻深目的老爸老妈们见了则点点头表示理解，随手关上了冰箱门，于是，一夜就这么饿着。大家议论后，得出结论是：该吃的时候不能客气，因为外国人不讲假客气。这算是给大家上了一堂东西方文化风俗差异的课。

对于陈翘来说，在外演出是一生幸福而快乐的回忆，但快乐是有限的，幸福也是有限的，这快与痛、喜与忧的界限十分分明。当回国的飞机"咣"一声着地的时候，陈翘的心便随之被高高拎了起来。她知道即将面对的将是回到生存的怪圈里，是坚持还是放弃？光环、鲜花、尊贵、快乐随之而去，在过去一两个月里她高昂的头即将低下，除了思考，还有不断的乞讨，忍受被骂"土里土气"的蔑视。

但不管如何，在国外、在其他民族面前，她是光彩夺目的，中国的民族民间舞蹈是光彩夺目的。

◎　陈翘接受新加坡电台记者采访

◎　陈翘为菲律宾朋友排练

◎　陈翘为香港舞蹈界朋友们讲课

◎　陈翘向日本舞蹈家赠送礼品

◎　游行队伍即将出发

◎　陈翘（左一）与苏联艺术家们在一起

◎ 陈翘（后排右三）与泰国朋友合影

◎ 陈翘（左二）与越南海宁省文工团编导合影

◎ 在巴黎联合国教科文演出厅为潮州同乡会演出

◎ 陈翘在美国南加州

◎ 陈翘（居中者）在西班牙与各国演员合影

◎ 陈翘在意大利接受神父的献花

◎ 南方歌舞团在意大利演出期间

第七章　南方少女舞蹈团

　　陈翘12岁进文工团，15岁正式走进舞蹈世界，几十年来，看遍了舞蹈演员人生的悲欢。他们的舞台生命稍纵即逝，尤其是优秀的舞蹈演员的黄金岁月更是苦短。从小投入专业训练的孩子们，付出了缺席文化课的代价，导致成年之后、不能再上舞台时，无法宽裕地进行新的人生选择。舞蹈演员们在他们告别舞台转行后不尽如人意的事例实在是不胜枚举。除了工作的选择，还有心态的调整，舞蹈演员们习惯了舞台上的聚光灯，离开剧场后的失落感是难以克服的心理大关。

　　能否让舞蹈演员在结束舞台生涯的同时有一个全新的、主动的再选择？此外，经济大潮的狂风暴雨，带走了越来越多舞台上的主角，民族舞蹈的未来希望令人担忧，什么样的人能够登上舞台演绎民族舞蹈艺术？

　　创办一个少女舞蹈团，清一色的少女团，这创意既来自日本的宝塚歌舞团，也来自陈翘几十年来对于女性舞蹈演员的深刻认识，以及对国内军人复员机制的参考。少女舞蹈团的孩子们将从全国各地精心挑选，全封闭式学习，学制三年，学历中专。学习期间，以舞蹈为专业，每人另选修一门副科，文秘、电脑或公关等。学业结束时，优秀者直接进入少女舞蹈团参加演出，也可以选择继续深造，入读北京舞蹈学院或中国戏剧学院等艺术高校；成绩普通者，可以去企事业单位从事自己喜欢的职业。这些学员拥有电脑、文秘等职业知识外，还能说一口流利的英语，加上舞蹈的气质、优雅的形象，一定会使得她们在择业的过程中脱颖而出。

　　少女班每年定期招生，新生源不断补充进少女团。由清一色少女组成的舞蹈团，以表演各个民族的舞蹈为主，她们曼妙的舞姿、美丽的身影、亮丽的青春，一定会让观众获得美的享受、艺术的享受。少女舞蹈团的年龄控制在25岁以下，超龄的优秀演员可以进入南方歌舞团，实际上，少女舞蹈团与南方歌舞团是两块招牌一套人马。

至于经费来源，除了南方歌舞团的投入，陈翘也将在社会上寻找合作伙伴，共同经营打造少女舞蹈团的品牌。普通学员在毕业之际，如果有企业看中，应该交付转业费，也就是该学员在校期间的所有费用，这一点类似国外体育俱乐部会员的做法，并且视学员的等级水平而确定价钱。在以后的具体操作中，这一要求不仅难以实现，而且引起诟病，是陈翘始料不及的。

从特质来看，陈翘首先是舞蹈艺术家，其次是舞蹈社会活动家，总的说来，是一个典型的理想主义者，一个偏执型的艺术家，同时具备迅速有效的行动力，以及极强的专注力。在她的观念里，成功是干出来的，是在付出时间、精力、人力之后换来的，外界的风风雨雨、团里复杂的人际关系，加上层出不穷的偶发事件，一直困扰着她。但日出日落、天晴天雨，她很快又鼓起了干劲，重新站起来，做自己想做的事。她年轻时如此，人到中年，更加坚定不移地相信自己，现在，为了找到民族艺术的出路，找到体制改革的出路，为了少女舞蹈团的梦想，陈翘再次全力以赴了。

少女舞蹈团的梦想背后连接着的是陈翘一生永不放弃的追求——民族舞蹈。如何使民族歌舞拥有市场，吸引广大观众进剧场，是陈翘一切行动的最终目标。在她看来，只要少女舞蹈团成立，少女舞蹈班长期开办下去，就可以保证舞台始终有新面孔，年轻、亮丽的新面孔，演绎清一色的民族舞蹈。现在，这梦想指日可待。

汕头市海洋集团的老总与陈翘一拍即合，海洋集团答应全额支付前期一切招生费用，提供后期学员培训学习和生活的场地及费用，双方为少女团定名为海洋少女舞蹈团。

陈翘有自己的理论：别人有你也有，不稀罕；别人没有你有，这才稀罕。芭蕾舞、交响乐都是西洋人的艺术，中国人再强也是跟着别人走，只能在别人的艺术里比高低；中国民族民间舞蹈，唯有中国人才有，越是民族的越是世界的，这道理简单得不能再简单了。追求自己的艺术，追求中国人自己的艺术。在陈翘看来，能够真正成为中国人的国宝的，必定是自己民族固有的东西。一次接受访谈，有网站全程直播，她铿锵有力、掷地有声的话传到了亿万网民眼前："一个不懂得重视民族文化的政府是没有文化的政府，一个不重视民族文化的国家是没有自尊、被人看不起的国家。"

50岁，对于一个女人来说不算年轻了，她可以安心居家，甚至准备退休了；但对于一个女舞蹈艺术家，陈翘的梦似乎才开始。

陈翘坐上火车，一路北上，路途漫漫。少女舞蹈团在各大城市广设考点，陈翘每天要讲十几个小时的话，一遍遍地为家长们解释少女团的宗旨和培训方式及用人情况。

在这之前，家长们已经通过多方渠道打听到这位主考官是个著名的舞蹈家，是广东省舞蹈家协会的主席，于是有了信任的第一印象。家长们有共同的期待，能进少女团，就意味着能够进广东省级艺术团体，跟着著名舞蹈家学习、演出，对于孩子来说，这是理想的前程。

招生组全面考查之后，终于确定了入围的20名女孩。家长们不放心，其中有部分家长要求一同前往，护送孩子抵达目的地，从东北到东南，漫长的行程似乎眨眼也就到了。但终点站并不是广州，而是被称为省尾国脚的粤东汕头。当时，陈翘与刘选亮排练创作的大型歌舞《潮汕赋》，得到海洋集团提供的场地、技术支持，剧中需要这些女孩子上台充当群众演员，扛标旗。东北女孩形象靓丽身材修长，第一次出场亮相，便赢得了满场的掌声，引起了极大的轰动。

海洋集团留下了全部演员，陈翘进行通盘考虑：第一，《潮汕赋》尚在演出中，需要女孩子们；第二，海洋集团提供20名女孩生活学习场地及所有费用；第三，考虑到以后的发展，可以将少女团总部设在广州南方歌舞团内，全省各地设分团，比如汕头分团、深圳分团等。由此做出决定，汕头少女舞蹈团是第一个分团，为今后的少女舞团探出一条路，使少女舞团成为一个真正的品牌。汕头的少女团正式命名为海洋少女舞蹈团，海洋集团答应按陈翘的要求，建一个排练场，派一个管理员，对这些少女进行全封闭训练学习，经三年学习后才公开亮相演出。

梦可以尽情地做，理想也可以自由地飞舞，但是，现实终归是现实。尽管陈翘请来有教学经验的老师任少女班基训教员，一切安排妥当才回到广州，汕头就传来的消息，让陈翘措手不及。在结束《潮汕赋》的演出后，海洋少女舞蹈团已经开始外出参加商业演出，有些团员甚至被派去充作迎宾小姐。至于承诺家长的少女舞蹈团的封闭式学习训练，几乎无法做到。

体力的透支可以休息，心灵的创伤是难以修复的。然而，现状不容她怨天尤人，必须尽快解决；否则，皮之不存，毛将焉附？南方歌舞团依旧在接受着最严峻的生存挑战。同类的艺术团体，省交响乐团、市芭蕾舞团等，它们获得了政府的大力支持，在陈翘看来，西洋艺术占据了最大最好的资源，坚持民族民间艺术的南方歌舞团危在旦夕。然而，与谁去抗争？与谁去论理？市场还是政府？从不服输、争强好胜的陈翘，心里憋着劲，非得将民族舞蹈的大旗继续高举下去。除了呼吁政府在政策上给予扶持外，她在做各种努力。

80年代初期，陈翘偶尔看了一场新颖的时装展览会，敏感的陈翘意识到时装对普通民众的吸引力，能否办一台以各式时尚潮流的时装为形式，来表演民族舞蹈的晚会？陈翘与服装个体户合作，在广州友谊剧院进行了一场很新颖的演出，南方歌舞团的演员们穿着用尼龙绳编织的衣服、帽子，跳起新疆舞；穿着展露着肢体的沙滩装，唱着邓丽君的歌，跳着民族舞。演出场面相当火爆。然而，这毕竟不是长久之计。

现在，陈翘坚信，成立少女舞蹈团，就是拯救南方歌舞团、拯救民族舞蹈的出路，同时是证明自己的唯一出路。远处有日本宝塚歌舞团，从一个小小的歌舞队到今天的世界级歌剧团，这发展是一天天积累而来的，不是从天而降的。为什么不能办起一个少女舞蹈团？前一次的失败是因为没有主动权、受人制约，这一次吸取教训，由团里自己来做，全盘掌握。从无到有，从小到大，从弱到强，总有一天它会成为民族舞蹈艺术的希望所在。

这份决心在陈翘心里充分酝酿、发酵，直到成熟，她再次行动，从招生到落实，全程跟踪管理。

陈翘是个优秀的舞蹈编导，却是一个颇受争议的舞蹈管理者。对20多个精心挑选出来的舞蹈希望种子寄予了极高的期望，也正因此，陈翘为少女班制定了极其严格甚至是军事化的管理模式：规定时间内起床、睡觉、学习、练功，不许私自出大门，不许私自藏钱，不许私自外出，不许吃零食，更不许谈恋爱。每周在固定的时间由老师带队外出购买日用品和水果，以及25岁前不许结婚，等等。

在舞蹈的世界里浸染得太久，陈翘深知严师出高徒，深信台上一分钟台下十年功，只有付出巨大的努力，才可能换来舞台上一刻的辉煌。她要将这批新苗打造成真正的优秀的舞蹈家，她的所有理想都寄托在她们的身上，为了这一目标，她可以做出一切，哪怕是涉嫌侵犯到女孩子的人身自由。在她看来，如此的教学管理是一个严于律己的舞蹈家的开始。

一意孤行，绝不反悔。

然而，20世纪80年代是一个追求个性解放的年代，花季的少女，又是学习形体表演的舞蹈女孩，天生要比别的孩子更爱美和更爱自由。教室里严格的纪律无法约束住她们蓬勃的少女心，铁制的大锁也锁不住她们年轻的身体。

层出不穷的问题汇总到陈翘这里，她按捺住急性子，苦口婆心地开导教育这些精心挑选来的未来舞蹈的希望。

女孩们瞪着一双双清澈的眼睛，不是听不懂，不是不愿遵守校纪校规，只是心里的那只不安分的小兔子总会跑出来，要求自由地玩、自由地吃、自由地去接触外面的未知世界。她们希望不要锁上大门，不要限制她们买东西，不要禁止她们与外面的男生联系。对于能否成名成家，对于民族民间舞蹈，她们觉得离自己很遥远。

陈翘耐心地等待着首批少女班的毕业，她想好了要在这一天正式公开"少女舞蹈团"的旗号，在艺术团体中、在新闻媒体上全面亮相。"一个团，两个招牌"这一新概念，一定会引起全方位的轰动。然而，这一天尚未到来，北京已经有一家中国女子舞蹈团率先亮相，叫法虽有差别，但争得中国第一个少女舞蹈团的愿望落空了。陈翘心生遗憾，积蓄了几年的努力有些功亏一篑，但不管是不是中国第一，她的南方少女舞蹈团总算是要登台面世了。

原广东省委第一书记的任仲夷是陈翘民族舞蹈事业的有力支持者。

一次开会，任老得知了陈翘少女团的设想，主动提出送她一幅字。

下午开会前，秘书拿来了任老的书法作品，并提醒陈翘："任老说，让你从右往左看。"

打开尚留着墨香的书法，一个大大的"妙"字呈现在眼前。从右往左看，正是"少女"二字。陈翘的脑子里立即有了主意，少女舞蹈团成立晚会主题便使用这个字——妙。"妙"的晚会，一切皆"妙"不可言。

◎　任仲夷题赠南方少女舞蹈团的墨宝

　　首批少女班的20多位女孩子们经过三年的学习毕业了，歌舞团打报告给上级主管部门却意外得知预留的30个编制早已不复存在。陈翘陷入被动，多方周旋未果，团里只能另寻他路。以中专毕业生为由将部分学员招进团，此外有考上北舞、中戏的，也有进入企业公司的，而少女团的"妙"晚会也因得不到经费支持而胎死腹中。

　　时间在慢慢地流逝，其间许多的事情在发生。南方歌舞团里的少女班还在上课，全国各地怀揣梦想的少女们还在南下，但陈翘知道，心中的那个理想之梦离她越来越远。夜深人静的时候，她为曾经激励过自己的梦想无法成真而伤感焦虑。

第八章　从艺40年

在一片喧哗与骚动中，南方歌舞团和陈翘送走了80年代，90年代的第一个春天到来了。

自从穿上汕头文工团崭新的团服，自从人事干部将自己的原名"陈霭翘"减去一个复杂难写的"霭"字，一晃便过去了40年。40年的光阴，日出日落，潮涨潮退，阴晴圆缺，花开花谢，有多少的欢喜、悲痛、忧愁、无奈难以言表。然而，唯有创作的痛苦与喜悦是铭心刻骨的，没有作品就没有活的意义，这是陈翘对自己舞蹈人生的界定。现在，陈翘像病床上的保尔·柯察金那样，回首自己的过去，她感到欣慰。因为，40年来，她以最大的努力和心血换来了黎族舞蹈的概念与体系的建立。由于她的不懈追求，偏居海岛的不为外界所知的黎族民族民间舞蹈，走向了全国，走向了世界。年过半百的她不会因虚度年华而悔恨，更不会因卑鄙庸俗而羞愧。

自信而坚定的陈翘在众多同行与关爱者的支持下，决定举办从艺40周年的活动。广东省华侨事务办公室、广东省对外文化传播咨询中心和中国舞蹈家协会广东分会对此给予了极大的支持，成立筹备小组，全面开展工作。

90年代初期，举办舞蹈家个人专场晚会尚属少见，舞蹈界前辈贾作光有过此举。陈翘的想法具体，也相当超前，除了个人作品专场演出外，还将出版一本画册，召开一个舞蹈作品研讨会。她要实实在在地总结过去，既为自己的舞蹈人生做一个回顾，同时也是为民族民间舞蹈的发展做新的探索。此时的中国，改革开放十个年头，经济大潮席卷各行各业，各个艺术领域都面临着前所未有的冲击，广大观众的兴趣从民族民间的传统艺术转向了外来的各种潮流艺术，尤其是民族民间舞蹈生存环境艰难。陈翘希望借自己从艺40周年的活动，引起人们对民族民间舞蹈的广泛关注。

陈翘对活动的寄望并非凭空想象。

时任文化部代部长、诗人贺敬之对陈翘给予了极高的评价，寄来亲笔题写的贺词：向坚持正确方向四十年来为民族舞蹈事业做出重要贡献的人民舞蹈家陈翘同志致敬。

从艺40周年的画册由著名老画家关山月亲笔题写，为此次活动题诗题画写字的还有许士杰、陈越平、贾作光、林墉等等。

◎　广东侨办赠送陈翘从艺40周年的纪念品

◎　广东侨办赠送陈翘从艺40周年的纪念品

◎　著名舞蹈家贾作光为陈翘题词

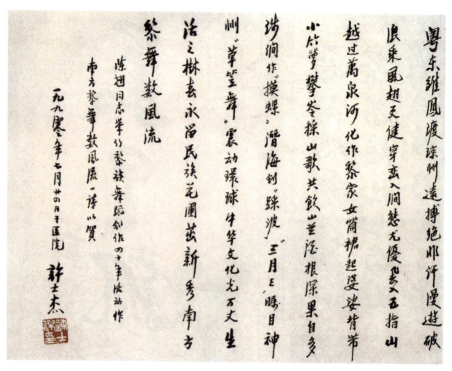

◎　许士杰为陈翘作诗《南方黎舞数风流》

　　晚会如期在广州友谊剧场举行，这场个人作品晚会盛况空前，仅是祝贺的花篮就从剧场的舞台摆到了剧场的外面。整个剧场被鲜花包围，观众们在鲜花丛中穿行，每一个花篮便是一个祝贺的团体或者个人。他们中间有全国各地的省市舞蹈家协会代表，有海南、汕头、潮州等地方政府，有来自各地的朋友同行，这里有多少祝贺的话，有多少祝贺的人确实难以统计。

　　这一晚的陈翘特别出众，一袭银灰色长及脚踝的中式旗袍，略施薄粉的脸上是抑制不住的欣喜。所有的目光都注视着她，所有的话题都围绕着她，与领导握手，与友人拥抱，陈翘成了真正的视线中心。在过去无数的场合，她享受过荣誉、掌声和鲜花，但从来没有像今天这样，被上天如此厚爱着。贵宾室里，陈翘一面为来宾们在她的画册上签名，一面招呼领导、贵宾。尽管外面已是南方的冬天，但她满面春风。

　　晚会由话剧表演艺术家姚锡娟和电影表演艺术家杜雄文主持，富有感染力的晚会串词则是由画家林墉执笔。在精心安排的节目中，有陈翘独立创作的四个作品《草笠舞》《胶园晨曲》《摸螺》和《喜送粮》，与刘选亮合作的《三月三》《野营大军过山来》《起义者》和《踩波曲》。此外，陈翘亲自上台表演了独舞《盘子舞》。60年代中期之后，陈翘几乎没有再上台演出。她将精力全部转移到舞蹈创作上，尽管如此，几十年来她从未间断过练功，加上年轻时基本功扎实，在离开舞台30多年后，陈翘依旧风采不减。在《盘子舞》中，表演者头顶着一只碗，手上各有一只盘子和一根筷子。表演过程中，左旋右转，手臂大幅摆动，脚下轻快，尤其是陈翘的面部表情十分丰富，让熟悉她的人立即回想起当年她在舞蹈《半边裙子》中表演的懒姑娘。光阴已逝，而陈翘通过表演将时光拉回到了青春岁月，台下掌声如潮。舞蹈结束，陈翘将头顶的碗取下，碗里的水在灯光下如泻出的水银，轻盈地飘散开来，如春雨般洒在了舞台上，洒在了所有人的心上。

◎　演出《盘子舞》的陈翘

　　这是陈翘精心的准备，在她的心里，这水早已不是普通的水，它是凝聚着自己对黎族同胞、对舞蹈事业、对无数关心自己的人的情，比酒更醇，比蜜更甜。陈翘充满感激地将它们洒向所有的观众，洒向所有热爱她和她所热爱的人们。这一刻永远地定格在了陈翘的心里，这一刻成了她一生追求的最辉煌的回报，所有的付出都是那么美好，所有的代价都是那么珍贵。

晚会的高潮还在不断出现，年过七十的舞蹈界泰斗贾作光老师，亲自登台表演。他身穿绿领粉红粉蓝花衫，身缠轻纱，一双尖尖翘起的描金鞋，头戴亮片银饰帽，贾作光将自己扮成了一条精灵般的鱼，表演了《鱼舞》。尽管年岁已高，但贾老师充满表现力的身体依旧带给大家精彩的舞蹈视觉享受。这是贾作光唯一一次在舞蹈家个人作品晚会上登台助演，他对陈翘说："大妹子，你的晚会我一定会上台的。"他视这位南国的女舞蹈家为妹子。

台下是掌声，是热烈而长时间的掌声，掌声中陈翘含着泪深深地鞠躬。

接下来是陈翘作品研讨会的召开。如果说，晚会算是一个形式上的总结，那么，研讨会则是在学术层面、艺术层面上，对陈翘作品以及陈翘民族舞蹈创作思想的总结，对当时及后来的民族民间舞蹈创作具有很深的指导意义，从而进一步地揭示出在当代民族民间舞蹈的历史进程中，陈翘和她的黎族舞蹈的价值。

研讨会规格相当高，出席者中有中国艺术研究院舞蹈研究所所长资华筠，中国舞蹈家协会广西分会主席金涛，中国舞蹈研究所研究员隆荫培和徐尔充等人，研讨会在老舞蹈家梁伦主持下开始。

在众多与会者中，资华筠的发言可以说是最具有代表性的。她与陈翘相识多年，无论在艺术创作，还是为人为事上，彼此视为知己。两人一南一北话语相投。资华筠是舞蹈表演艺术家，并以自己独特的理论见树立足于当今舞坛。

资华筠说："陈翘创作的一系列各具特色的表现黎族风情的舞蹈作品，既显示出它们之间各自的特异性，又具有宏观文化环境所形成的黎族的'共有特征'。在这'特异性'与'共通性'之中所蕴积的表意、审美的内涵及其与外部形态特征所形成的对应相关，基本上构成了一个舞种所应具备的舞蹈语汇系统。它绝非仅仅将民间传衍的零散的黎族舞蹈动作进行技术性的归纳、整理而成，而是长期的、艰苦的艺术创作的'集大成'。就此而言，我们可以毫不夸张地说，陈翘作为新中国第一代专业舞人对发展边远地区古老的黎族舞蹈文化，做出了历史性的贡献。她的实践经验对于建设发展具有中国特色的社会主义的舞蹈文化，具有普遍意义。"

陈翘做最后的发言："面对这些已成为历史的作品，我没有多看一眼的心思，倒是触发了埋藏多年的感激之情，是很多德高望重的领导同志，把我从一波三折的人生道路上引导过来了，是很多老师前辈的教导使我敢于在舞蹈的殿堂中左冲右突。当然，我还要感谢几十年来默默地扶掖和帮助我的战友们，他们中有我和我合作编舞的、谱写舞蹈音乐的作曲家、舞美和服装设计师，还有众多的舞台工作人员们，特别是换了一代又一代的演员们，他们用智慧和汗水把我的作品扶上了舞台，交给了观众，通过这一次我个人从艺40周年的晚会和研讨会，我将表达对他们深深的感激和敬意。"

陈翘从艺40周年的活动圆满落幕。

◎　陈翘与刘选亮

看着渐行渐远的观众，看着挥手作别的朋友，看着情深义重的团友，陈翘接连数个晚上长夜无眠。她无法平复过于激动的心绪，她知道，没有共产党就没有陈翘的今天。孩提时代起，妈妈就这样为她指明了出路："只有参加共产党，只有进入革命队伍，才是你的造化。"现在，陈翘越发地坚信，必须坚持创作原则，永远不离开人民大众，坚持发展民族民间舞蹈，珍重民族传统。

强烈的幸福感与巨大的荣誉感将一介小女子陈翘推上了人生事业的巅峰，她感谢上苍。

◎ 陈翘与刘选亮

第九章　生死门

▌舌癌

关于生死，陈翘一直以来是坦然的，命归天管，人无法操控。好与不好，贵与不贵，顺与不顺，都是既定的，无须费神思量。

20世纪80年代的一天，她偶尔在喉结处摸到一粒异物。经检查，医生告知她最好开刀切除。

"身上的这些不明肿块，是恶性还是良性，开刀后才知道，能切除最好别留着。"医生怀疑是甲状腺腺瘤。

"医生，能不能等我一个月？"陈翘与医生商量。

"为什么要等一个月？"

"全国独、双、三人舞比赛就要开始了，我要去大连看比赛，不能错过。"

医生看着陈翘一脸的认真，半天才说话："你认为看节目比身体重要？"

"这些节目很重要。"陈翘坚持。

医生只得开了一些药，并嘱咐陈翘回来后立即到医院开刀。

一个月后回来，奇迹出现，那粒可疑的东西消失了。知道的人，都认为不可思议。陈翘自己说，她从没有认为自己得过病，从没有认为那粒东西是负担。她太不在意，根本就不把它当回事。也有人说，陈翘命硬，什么古怪的东西都扛不过她。这话半真半假，真在那粒腺瘤确实自行消失了；而以为其命硬，不怕任何邪气附身，那就是假了。

以后的几年间，陈翘注意到自己口腔的舌根部位有一小块白斑，碰到会痛，总以为是上火。一次在医院检查肠胃时，陈翘随口谈到自己口腔舌根部位有一小块溃疡，后来变成白斑，医生听后一口咬定有问题。

"不用看，肯定有问题。"

医生的反应让陈翘吃惊，也陡生一丝不安："你看都没有看，怎么说有问题？"

"溃疡常年不好，已经五年了，要立即活检。"

这一次的心情确实有些不同，陈翘心里的不安开始渐渐弥漫，等待结果的时间令人煎熬。一个星期之后，不幸的消息传来，是舌癌。

陈翘无论如何不能接受，她在家里来回地走着，不停地嘀咕，怎么会呢，自己的身体一向很好，长年练功，心脏健康；除了年轻的时候，总是处于饥饿状态，身体体质是好的呀。刘选亮也慌了，他是感情内向的人，轻易不会流露真情。

"给张帼英书记打个电话吧，也许能得到帮助。"

与医院并无直接关系的陈翘，想到癌症这个可怕的东西现已与自己联系上，心里有了几分恐惧。电话打通，张帼英立即赶到医院，见到陈翘和肿瘤医院曾宗渊副院长。

曾院长的态度很明确，已经确诊，剩下的是制订治疗的方案：要不要化疗？陈翘要求化疗，她最大的疑问是能否保住舌头。如果割掉，不能说话也不能吃东西了，这对于她来说，都是致命的，无异于判处极刑，结果只能是生不如死。

"能不能保守治疗？陈翘同志是公众人物，她需要经常出席一些活动。"张帼英一边与医生商量，一边来到病房对陈翘说，要听医生的安排。

"病灶在舌根，如果化疗，要多少药物才能到达那里？开刀并不可怕，切除的只是一小块，不会妨碍说话、形象和吃东西。"曾宗渊相当有把握地说。

在张帼英的关心下，医院成立了医疗小组，由曾宗渊亲自主刀。

陈翘眼里的恐慌慢慢平静下来，她从心底里相信自己不会出意外，她对自己的身体从来都是自信的。

手术当天，陈翘被推进了手术室，刘选亮和几位老朋友守在门外。刘选亮一动不动地坐着，几个小时不吃不喝，心完全跟进了手术室。

手术室里，眼前的白布晃着，天花板上的无影灯像个巨大的怪兽，周围有各种金属器皿碰撞瓷器的声音，冷飕飕的，背脊无端地发冷。动了动自己的舌头，一切都是自如的，再过一分钟，这个有癌细胞的舌头将会变成什么样呢？是无法控制，还是残缺不全后口齿含混？

"我们打麻药了。"麻醉师对陈翘说。

"打吧。"她意识相当清楚。

再次清醒过来时，她已经躺在了病房，四周都是人，听到许多说话声，也有人在叫着她的名字。陈翘这才意识到手术做完了，立即动了动肩膀。看着陈翘一举一动的曾宗渊，立即大声说："很好，手术很成功。"曾院长知道陈翘的意识完全清醒了。

术后最大的困难是吃东西，不能动的舌头，仿佛一块大馒头严严实实地塞满了整个口腔。遭受挤压的舌头既麻木又僵硬，陈翘使出浑身最大的力气，换来的是更加尖锐的刺痛。刚开始只是一点水和流质，水流过舌面，疼痛便如万箭穿心，但陈翘知道这是必须克服的，必须要补充营养增强体质。她相当配合医生、护士和家人，做一些要求她做的事情。手术后第二天就坐起来，晚上就下地，第三天即去洗澡房洗澡。医生护士一致认为，这个病人罕见地坚强。

贾作光从北京来医院看望，见面就说："大妹子呀，你怎么什么病不得，偏得这个绝症呢？"陈翘满脸含笑地说："我不是好了嘛。"脸上是一如既往的乐观神情。

病情在一天天好起来，病房里的气氛也一天天快乐起来。前来探视的人很多，各路领导、朋友、亲人都来探望。文化厅厅长也来了，看到陈翘的病情完全好转，便忍不住一语双关："你呀，就是讲话太多。"众人哈哈大笑，陈翘也笑，她懂厅长的话外之音，承认厅长的话没有说错。她能坚持到今天，靠的就是这一张嘴，现在病好了，她还会说，有机会绝不放过。不仅说，还要大声说，让她所高举的民族舞蹈大旗，依然可以高高地飘扬在蓝天下。

恰逢全国老年舞蹈汇演由广东承办，还在病床上休养的陈翘便开始筹划汇演的各项事务。开幕式的主席台上，细心打扮的陈翘，身穿黑色的长裙，披着一条红色丝巾，神采奕奕，不知情的人压根看不出她一个月前刚刚做完癌症的手术。等到主持人请她讲话时，过去的陈翘又重新活过来了，慷慨激昂，妙语连珠。没有书面稿的发言，带来了现场一阵阵热烈的掌声。

陈翘出院的时候，曾院长对她说："回去把这个病彻底忘掉，不用吃药，该做什么就做什么，没有任何问题。"陈翘越发相信院长确实是高明的，她的身体不仅没有任何异样，心理上甚至多了一份自豪，逢人便说自己是战胜癌病的人、战胜绝症的人。

▍ 过敏性紫癜

几年后的2002年，陈翘面对的考验就不再那么容易对付。这一年，被外界形容为"命硬"的舞蹈家再一次走近了鬼门关。

最初的情况并不严重，可以说相当平常。几年前，家中装修造成甲醛污染，刘选亮身体出现过敏症状。所以在这一年家里进行二次装修时，陈翘让刘选亮回避，自己在现场指挥。不曾想前次并无过敏的她，很快就发现了腿部的许多红点，吃了医生开出的抗过敏药后，情况得到好转。此时正赶上全国"两会"召开前夕，陈翘如期接到通知上北京参加政协会议。陈翘和刘选亮都相信离开装修现场去北京开会，过敏症状会自动好转。

政协委员的待遇相当好，酒店的设备是全新的，酒店也是全新装修过的。

第二天是大会开幕式。陈翘起床时浑身无力，摸摸额头无热度，没有咳嗽，也没有发冷，一切看来正常的身体就是不自在。陈翘勉强地走到镜前开始一丝不苟地化妆，穿衣服，她对自己的外在形象相当注意，即便强撑着，实在要倒下了，也等自个回家再说。

政协委员们所住的酒店以及会场，全都是新装修的，装修材料中的甲醛还在挥发有毒气体，已经过敏的陈翘此时对敏感气味特别过敏。不仅是腿部红点加剧，而且体内器官也出现过敏，从而导致了无食欲、乏力、气短。但医生和病人自己都没有意识到这一点。

情况在一天天坏下去，每天只喝两碗稀饭的陈翘连续多天无法参加会议。这一天上午，李瑞环同志要参加文艺大组的讨论会并讲话，陈翘勉强来到会场，大家一一坐下，李瑞环同志听完大家的发言作总结，整个气氛相当轻松。家人、朋友们在当晚的中央电视台新闻联播中看到了镜头里的陈翘，笑嘻嘻地毫无病态，都认为陈翘的病情并不严重。

十几天的会议终于结束，返程在即。一早起床，陈翘觉察到大便异样，医生怀疑是出血。大会相关工作人员满满地站了一屋子，陈翘拒绝住院，执意与大部队一同回广州，主要考虑是在北京人生地不熟，一旦住院，团里家里必定要来人，花费巨大。在机场，时任广州市政协主席陈开枝和省卫生厅副厅长王智琼商量后，对陈翘说："依你的想法，回广州，从机场直接去医院。"几个小时后，飞机到达广州白云机场。一辆白色救护车静静地停在人群外围，只等接了病人立即开赴医院。

病情已经相当明显，医生毫不犹豫地开出抗过敏的激素，针剂、药剂一下去，腿上的红点在明显减少，病情得到了有效控制。

▍医院通知准备后事

从北京回来，又过去了20天，这一天是2002年4月30日，隔天便是劳动节长假的第一天。

因为抗过敏使用了大量的激素，大量激素的使用使身体的免疫系统受到严重损害，此时稍有不慎，便一发不可收。陈翘肺部受到了绿脓杆菌的感染。

住院当天，陈翘高烧持续不退。第二天，神志不清，呼吸十分急促，医生诊断为急性呼吸窘迫综合征。医生建议将她立即从呼吸科住院部病房转到重症监护室。

此时的陈翘已经处于昏迷状态，完全不知道自己身处何地，自然也就没有了痛苦。而看着毫无知觉的陈翘，看着重症监护室里横七竖八的各种监护仪器、抢救设备，刘选亮的心慌得发虚。医生将刘选亮挡在了门外，他只是依照医生的嘱咐准备好一支笔和一沓现金，随时签字和去收费处交各种费用。

监护室的金医生是位呼吸内科专家，尽管从医学院毕业十几年，积累了相当丰富的治疗经验，但还没有全过程比较完整地接触过急性呼吸窘迫综合征患者。学医的人都知晓这个病的厉害，在全世界范围内有数据统计，该病的死亡率在25%—68%之间。加上病人心脏、肾脏等器官如果有问题，那么每增加一个病症的器官，死亡率将同时上升。

5月2日，整整一天，金医生一步不敢走开，她守在陈翘的病床前，看着各种监护仪显示的数据和图形，随时做出新的医嘱：上呼吸机，切开气管，插上胃管、尿管，深静脉穿刺。陈翘的身体被各式管子和仪器包围着，头发散乱在枕头上，脸色苍白，除了急促的呼吸，身体其他部位完全失去了生命的迹象。

陈翘就这样将生命交给了重症监护室的医生和护士们，她浑然无觉。而每天清早六点钟，刘选亮就坐在了重症监护室的病房门外，等着开放。在病床前，他直勾勾地看着昏睡中的陈翘，一阵阵地恐惧，他不知道这个跟他生活了40年的女人能否活过来，能否继续携手到百年。

陈翘依旧躺在病床上，头戴冰帽，浑身插满管子。

第三次病危通知书下来，医院已通知了歌舞团，让他们准备后事，以防措手不及。全国各地的亲朋好友、国外的亲属们、七个兄弟姐妹，纷纷前来，每个人都心照不宣：见最后一面。躺在床上的陈翘依然神志全无，全身瘦得剩下一层皮。所有的来人都是掩面而去，他们在悲痛，只是因为刘选亮等亲人的在场，不便哭出声来。

昏睡中的陈翘魂魄轻飘没有重量，在虚无的境界里徘徊、游荡，暂时忘却了人世的喜与忧、苦与痛、是与非。这一夜的梦是如此之长，长到有了情节，有了细节，有了章回，她时而快乐，时而惊异，时而痛心。她完全不知现实中的医生、护士、家人、朋友是如何的悲痛欲绝。

重症监护室里时时都弥漫着死亡的气息。同房间的人，隔几天就换一批，离开的几乎都去了太平间。医生对刘选亮说，现在只有靠病人自己的心脏了。睡在冰床上，头上是冰帽，即使如此，陈翘依旧高烧不退。

等到陈翘完全醒过来，最大的痛苦就是身体的不能动弹。瘫痪比昏睡时还要难受，每一关节都像是爬满了小虫，全身只有头能自由转头，想着翻个身，身体完全不听大脑指挥。

在重症监护室治疗47天之后，陈翘被移到普通病房。现在，她的治疗中心问题是抗感染和体能恢复，她从阎王爷的大门前转了一圈终于回来了。这一天，病房门被推开，一个身子探进来，大脑门，个子不高，是老友杨子达。

"陈翘，我今天感冒，不进来了。但是，你好起来了，我太高兴了。等你可以下地了，我带你去吃东西，想吃什么就吃什么。"

陈翘咧开嘴，想笑，眼泪却出来了。

台湾著名舞蹈家郭惠良通过香港转机来到广州，直奔医院，立即为陈翘按摩捏腿："我学过的，懂一点。躺得太久了，身体的肌肉都萎缩了，要运动。"回去后，她专门从台湾寄来治癌病的蔬菜汤药方和所需的牛蒡。

然而，现在最大的问题是除了头，全身哪儿都动不了。

按照医生的方法，陈翘开始学习翻身，这是在练习了几天动手指后的课程。她抓住床头的铁栏杆，慢慢用力，将身体一点点翻转。但是，手臂无力，身体并没有动，心里发急，再用力，还是不动，双腿更是毫无知觉。喘口气，闭上眼，心里与自己较劲，难道真的翻个身也做不了吗？铆足了劲再试，结果，身体没有动，手臂的肌肉倒是撕裂了。

一段时间后，医生准备让陈翘试着站起来。

"躺得时间太长，第一次站起来，血液往下流，人会有些受不了。"

"没关系，我要站起来。"陈翘很坚决，很渴望。

不管怎么说，人是活回来了。从劳动节住进医院，到中秋节第一次被推车带出医院，虽然，身体状况没能回到从前，但奇迹已经发生。毫无疑问，陈翘是幸运的。

吉人自有天相。当轮椅将陈翘带到二沙岛，当空的明月成了陈翘一生中见过的最圆最亮的月亮。她长时间地看着，仿佛一个新生婴儿那么专注而向往地看着。清风从水面吹来，家人担心她着凉，但她执意要待在月光下。她还从来没有如此依恋过一阵清风一轮明月，她曾经是一个浪漫的人，几十年的风雨人生，早已将这份情怀荡涤干净了。20年来，她深陷于行政事务，纠缠在现实的人际网中，在内心深处对于生命温柔的渴望此时越发地强烈起来。活着多好呀，有月光有清风是多么浪漫呀，生活在这一刻变得简单了，一如夜空的明月，江上的清风。有谁可以控制着什么呢？从来都是永不退缩的陈翘，并不认为自己的能力有天大，但也从没有怀疑过自己。现在她的想法有所改变，真的开始改变。

比如不再执着，而是放下。

第十章　海峡两岸的舞蹈家

▎邀请新古典舞团来演出

2008年2月11日，下午三点。

广州黄花岗剧院里静悄悄的，没有灯光。黑暗中的舞台依次亮起来，音乐渐起。一个声音响起来，慈祥、温暖、苍润、舒展："前排的人走位不准。"台上的演员迅速调整，继续表演。黑暗中，声音再次轻轻响起：

"每个人都要找到光线。"

"曹植不要大跳，只做动作就可以了，留着体力。"

阳光般的声音在黑暗的剧院大厅里缓缓移动着，轻轻散开，落在台上。

剧院的灯，终于亮起来。声音所传出的地方，坐着一位披着暗红色丝巾的老者，转过脸时，眉宇间流动着一道光影，唇线清晰而优雅。这就是台湾新古典舞团团长、著名舞蹈家、82岁的刘凤学博士。

在广州、中山、深圳三地的演出，场场如此，上午与下午的彩排完全是整场演出，灯光、演员所有的一切都是一丝不苟的。经理佩服这位高龄的舞蹈家，她有如此的权威与震慑力，话语轻轻的，但每一个字都让台上或身边的人听进了心里，这可以从他们脸上的表情看出来。

几天来，陈翘一直陪同在刘凤学身边，作为邀请者，这一次她是主人，主要工作是力求完美地接待。陈翘同样是一次次被刘老师的品德、艺德深深地打动，也被她所带出来的这支新古典舞团的40多位年轻的团员们打动。

陈翘想起几年前第一次邀请新古典舞团来大陆演出《布兰诗歌》的

情形。那天，舞团的演员们在机场一亮相，高矮胖瘦，参差不齐，腿不够长，腰不够细，人不够高、不够漂亮，与国内的几乎用尺子量出来的舞蹈演员相比，差距甚大。加上长途旅行，每个人都面呈疲态，缺乏精神。陈翘大失所望，能行吗？新古典舞团、刘凤学博士，行吗？陈翘心里打鼓。随后的精彩演出让陈翘折服。

这一次新古典舞团的演员们再次让陈翘有了新看法。在去餐厅的路上必须穿过一个很大的超市，随后是一长排两边摆满小商品的摊铺。几十个从未来过广州的年轻演员排着长队，目不斜视，体态优雅，步履轻盈，仿佛行走在美丽的天鹅湖畔，长期训练出来的舞蹈气质，恬静、淡然、从容不迫、超凡脱俗，与周围嘈杂的人声、市井的百姓、五光十色的商品完完全全拉开了距离。

一支队伍有如此的纪律，如此的教养，一定有一位杰出的领头人。多少年来，陈翘在心里追求的就是这样的队伍。她严格要求，严格训练、歌舞团、少女团，费尽心血气力，虽然在外人眼里南方歌舞团有比军队还严格的纪律，但似乎离目标依旧很远。在刘凤学的舞团演员身上，她看到了自己的理想，既感慨又好奇，刘老师，她何以能做到？

新古典舞团的所有演员都是有本职工作的，他们中间有工程师、律师、教师、医生等，跳舞只是他们的爱好。这些非专业舞者，每周的练功时间在30小时以上，他们必须在工作结束立即赶到排练厅。没有报酬的新古典舞团的演员们由衷地追随着老师，视其为人生与舞蹈的导师。舞团有一个基金会，资金来源是舞团的收入、刘凤学出版图书录像的收入，以及演出的官方补贴，但他们谢绝任何企业的任何赞助。刘凤学的原则十分清楚，保持舞蹈艺术的纯洁与神圣，保持从舞者的尊严与独立。

1976年，刘凤学在台湾成立新古典舞团，在首场演出之时，第一次向公众提出了她所理解的"中国现代舞"概念：现代舞是尊重个性和表达思想感情的一种创作舞蹈。目前世界各国的现代舞，有一个共同的新趋势——创作具有自己民族传统精神的舞蹈。

30年过去了，刘凤学的追求不变，现代舞只是手段，重要的是表达自己民族的文化与灵魂。这一点，让陈翘最为感动，也最为感慨，在她看来，刘凤学的努力正是处于探索阶段的大陆同行的最好老师。

　　自从陈翘在台湾第一次看到《曹丕与甄宓》，内心被震撼，产生了请他们到大陆演出的想法。最终她以广东省国际文化交流中心的名义，向新古典舞团发出邀请。

　　老天不负有心人。舞剧《曹丕与甄宓》正式拉开了在广东三个城市巡回演出的首场演出大幕。演出获得巨大成功，在第二天的研讨会上，来自广东省内各艺术团体院校的资深编导、专家们情绪激动，他们甚至在会议开始前就早早地进入了热烈的话题讨论。编导、艺术家们一致认为，刘老师给他们上了一课，关于舞蹈、舞蹈家以及舞蹈表现手法与民族传统精神之间关系的精彩一课。

　　作为邀请者，此时陈翘的身份是广东省国际文化交流中心艺术顾问、广东省舞蹈家协会名誉主席，她主持会议。略施脂粉的陈翘格外精神利落，她熟悉眼前的这些同行，熟悉他们每天在从事的事业，熟悉他们的困惑，也熟悉他们的追求。她知道新古典舞团、刘凤学和《曹丕与甄宓》是这些同行的一道大餐，一道让他们难以平静的大餐。这也是她此次邀请新古典舞团来演出的初衷，让大陆的舞蹈界了解台湾的同行们正在进行的舞蹈事业，了解他们对现代舞的认识与实践，了解他们的作品是怎样一种面貌。

　　三地五场演出完满结束。

◎　陈翘（前排左二）与新古典舞团合影

▋ 去台湾讲学

　　舞剧《曹丕与甄宓》结束了在大陆的演出。临行前，刘凤学告诉陈翘，每一年他们都有一个关于人类舞蹈学的研究讲学活动，邀请全世界著名的舞蹈家和舞蹈研究权威。她们在两年前已经向台湾当局递交了邀请陈翘和冯双白去台湾讲学的申请，由于此类申请批复过程相当复杂而漫长，至今尚未见批复。刘凤学表示，他们非常希望能够让台湾的舞蹈同行们听一听来自大陆的舞蹈家的创作心路。

　　不久之后，正式邀请下来，陈翘开始准备台湾之行。除了补充大量的个人资料，诸如职称材料、作品获奖证书等等，陈翘思考最多的则是讲学的内容。

　　作为人类舞蹈学讲学的主办者，刘凤学要求陈翘讲一些与人类舞蹈学相关的内容，最好讲一讲她如何创作黎族舞蹈。这是一个不需要特别准备的题目。陈翘对民族舞蹈的情有独钟，她不是学院里培养、课堂里师承出来的舞蹈家，而是在生活的土壤里，播种、拔节、生长出来的一棵舞蹈大树。现在，她只需要将这一切生动地表述出来，就足够精彩了。对此，陈翘相当自信。

　　她坚信：自己用一生书写的黎族舞蹈历史，将被历史记住。

　　是呀，她后来离开了海南，从地理位置上离开了黎族同胞生活的地方，但在她的血液里，在她的内心深处，她又如何能够与黎族同胞分割得开？在往后的日子里，无论接触哪一个少数民族，黎族人的爱恨情感都是一面镜子，黎族如一粒种子深深扎进了陈翘的生命，并早已经生根。

　　讲学的主题定下来了：从黎族生活中提炼舞蹈主题、结构与动作。陈翘想，岂止是提炼了舞蹈主题、结构与动作，完全是提炼、加工、完成了自己的一生。她因黎族人民而活出了辉煌，这就是她的人生。这样的题目，这样的讲学，能够不精彩吗？

酝酿、思考、写稿，连续许多天，陈翘在自己的世界里浮沉潜行，回忆让她感动，让她幸福，也让她感叹。18岁时，她创作了处女作。22岁获世界金质奖章。24岁的时候，拿着母亲去世的电报，她被革命群众盯着。她进中南海为毛泽东、刘少奇、周恩来等国家领导人演出，被钦点为西哈努克创作，她的《喜送粮》跳遍大江南北。在政治运动中，她被批为"反动学术权威"。为了继续民族舞蹈事业，她奔波在烈日下，奔波在各级领导的办公室之间，饱受各式言语议论；甚至差点在凶险的大病中彻底睡过去，但到底是活过来了。既然活过来了，就要继续做该做的事情。

2005年，陈翘以广东省舞蹈家协会主席的身份，主抓了"广东省首届岭南舞蹈大赛"，这次大赛响亮地提出了"岭南舞蹈"的概念，这对广东省舞蹈创作与研究具有里程碑的意义。有评论家指出，这一目标的确立，将树起一面旗帜，使"岭南舞蹈"今后的创作、发展不再是无意的打造，而是自觉的追求。陈翘在大赛的决赛和颁奖晚会上说，要通过几代舞蹈家的努力，通过几代人的共同探索，经过时间的慢慢打磨与淘汰，在几十年、上百年后，形成真正意义上的"岭南舞派"。

现在，陈翘可以做的依旧是大声疾呼，用那曾经割去癌细胞的舌头大声疾呼：重视民族传统，重视民族文化，重视民族舞蹈。去台湾讲学也罢，在大陆高校演讲也罢，出席各类会议也罢，接受各种采访也罢，她只有这样一个主题，这也是她一生一世的主题。

夜深了，陈翘身体早已疲惫，但心潮起伏，无法平静。她等待着黎明的到来，等待着又一次太阳的升起。

第二篇

众说陈翘

陈翘舞蹈作品的特点与贡献

梁 伦

陈翘创作了不少优秀的黎族舞蹈。我个人认为她的代表作有：50年代的《三月三》，60年代的《草笠舞》，70年代的《喜送粮》，80年代的《摸螺》等。这些作品都受到群众的欢迎，在首都舞台演出也获得好评。《摸螺》获得首届广东省鲁迅文学艺术奖一等奖，《草笠舞》获第八届世界青年学生和平与友谊联欢节舞蹈比赛金质奖。

陈翘是中华人民共和国第一代有成就的舞蹈编导家，广东舞蹈界为她的成就而感到自豪。她的名字已被收入《中国艺术家词典》和《中国大百科全书·舞蹈卷》，特别是上《中国大百科全书·舞蹈卷》的条目，十分难得，只有为数不多的有较高成就的舞蹈家才能占有一定的篇幅。我们还可以进行更深一层的分析，在全国有许多著名的舞蹈编导，他们的作品也曾在世界青年学生和平与友谊联欢节舞蹈比赛中获金质奖章的，有的甚至获两枚以上，但为什么那些人又没有被列入《中国大百科全书·舞蹈卷》的单独条目中，而陈翘能被列入呢？我想这还有一个特殊性，其特殊性正如资华筠所说的，"陈翘作为新中国第一代专业舞人对发展边远地区古老的黎族舞蹈文化，做出了历史性的贡献"。当然，这个贡献不只是陈翘一个人，还有长期在海南岛工作的原海南歌舞团的许多同志，不过陈翘是他们之中的佼佼者。

一个民族的文化是该民族精神劳动创造的结晶，是长期形成的，从古至今流传演变像一条长河，随着时代的变化川流不息。作为民族的成员，每个人都可以给它增加一些新的东西。陈翘是为黎族舞蹈文化的发展增添了新的成分、新的元素、新的光彩，为促进黎族舞蹈文化这条河汇入社会主义的新的领域做出了历史性的贡献。

关于陈翘作品的特点，许多人都认为她的作品具有黎族的生活风俗的特点和时代的风貌。如《三月三》表现海南东方县一带黎族的风俗，每年农历三月初三这一天，当地老百姓白天预祝农业与狩猎的丰收，晚上男女盛装、三五成群到椰林寻找情人，找到情投意合的对象后双双离去。《草笠舞》表现黎族少女头上戴着用情人采集的野葵叶编成的别致的草帽，结伴赶集的生活情趣。这些都是黎族传统的风俗，人们习以为常。《喜送粮》和《摸螺》，表现送公粮和小孩到河中摸螺，也都是日常常见的生活现象。但陈翘具有锐利的艺术洞察力，发掘出它的典型性和内涵的美，剔除其糟粕，赋予它以时代精神，通过艺术创造，使观众能看到黎族生活风俗的特有色彩，又看到黎族人民生活在社会主义时代新的精神面貌。在这方面，她的作品和许多成功的少数民族舞蹈都有共同之处，不同的地方在于它是黎族的，不是别的民族的，而且出自陈翘的风格。陈翘的风格是什么？概括地说，就是独创性。

陈翘的作品给我最深的印象是具有诗情的美。她创作的舞蹈《三月三》《草笠舞》等代表作都像文学上的散文诗，有一种吸引人的魅力。这种诗情的美，由几种因素构成：

其一，是美的形象。我已多年没有看她的作品了，但现在闭起眼睛回忆《三月三》《草笠舞》《喜送粮》，都会想到穿着黎族的短裙子、头戴美丽头饰的黎族少女，在舞台上以其特有的舞姿、走着轻快的舞步，优美、热情、活泼、纯朴、可爱的形象。陈翘懂得从许许多多黎族妇女中选材，塑造典型美好的黎族妇女的形象。

其二，是美的意境。美的意境往往是作者情感与舞蹈中人物或舞中的规定情境达到水乳相融的体现。《三月三》让你对椰林中黎族青年人的爱情生活产生神往。《草笠舞》会撩起你对白云缭绕的五指山中山间路上一种诗意的想象。

其三，是美的"语言"。美的"语言"是塑造形象表达诗情最主要的手段。如果从舞蹈是综合艺术或是时空艺术的角度来进行考察，上述这些舞蹈主要是由舞蹈、音乐、美术三要素构成，而音乐与舞蹈是最根本的东西。陈翘的舞蹈基本素材来自黎族原始的民间舞，如"赶鬼""跳娘"等。但经过改造和借鉴别的民族的精华，加上艺术的创造，使它成为一种新的舞蹈"语言"。我们看到三道弯、顺拐、出胯等动作，固然有黎族的特点，但要组织成一种美丽、有感情、富有表现力的黎族舞蹈"语言"，却需要有深厚的生活基础和艺术的独创性。在音乐上同理，和陈翘合作的作曲家都是熟悉黎族人民的传统与生活的老行尊，同时有独特的创造性。我赞美陈翘的作品具有诗情美，自然包括音乐在内。因此我为陈翘唱赞歌的同时要向陈元浦、李超然等原海南歌舞团的老作曲家以及舞美设计陈创致敬。

其四，是爱心的产物。陈翘热爱黎族和海南之情流溢于舞蹈之中，这是由于陈翘和原海南歌舞团一些老同志当年怀着赤子之心，长期与黎族人民在一起生活，经历过风风雨雨。他们对海南一草一木都怀有深情，对黎族人民怀有热爱之心。因为有了爱心而产生了感情。一个人触发了感情就有写诗的愿望，陈翘要用舞蹈去抒发诗情是完全可以理解的。隆荫培用"诗情与爱心"作为他评论陈翘作品的文章题目是有根据的。

最后，我想谈一下陈翘的创作道路的问题。我认为陈翘的创作道路是坚持社会主义的文艺方向的。她走的道路再一次证明毛泽东同志说的"生活是创作的源泉"和邓小平同志说的"人民是文艺的母亲"的正确。其实这两句话不过是用马列主义的观点总结了前人与今人的经验而已，但是这已是一条客观存在的真理。谁违反这条规律一定要吃亏，我深信不疑。可惜现在舞蹈界有些年轻的编导却认为这是框框，束缚了创作自由，这种思想需要引导。

舞蹈创作不能脱离生活，但不能反过来说编导不必掌握编舞技巧。舞蹈编导既需要有深厚的生活基础，也需要掌握熟练的技巧和创作方法，还需要有较高的文化素养。或者有人问，陈翘不是因为有了生活而无师自通吗？我认为这种说法不准确，应该说陈翘是自学成才的。我知道她没有进过专科学校，没有受过专门训练，不是科班出身。但她一贯重视业务学习，向社会学习，向老一辈艺术家学习，向同行学习，借鉴兄弟民族的先进经验，也借鉴外国，现在她的编舞水平是长年钻研的结果。

　　我期待广东舞蹈界通过陈翘作品的研讨会，坚持社会主义的文艺方向，弘扬民族的文化，攀登艺术的高峰，把舞蹈创作提高到一个新的水平。

1990年11月30日于羊城

根植于黎山沃土的槟榔花

——谈陈翘舞蹈作品的特色

廖炜忠

　　陈翘同志是我国著名的舞蹈编导家，在《中国大百科全书·舞蹈卷》里为数不多的中国舞蹈家条目中有她的名字。她的代表作有舞蹈《三月三》《草笠舞》《喜送粮》《踩波曲》《摸螺》等，都是深受群众喜爱的节目。《草笠舞》在第八届世界青年学生和平与友谊联欢节上荣获金质奖章。她的作品格调高雅、清新隽永，富有浓郁的生活气息和鲜明的民族色彩，已形成了独树一帜的陈翘风格。在陈翘同志从艺40周年的纪念活动中，对她的舞蹈创作道路进行认真的总结、研究，是很有意义的。这对我们广大舞蹈工作者是一种激励和鼓舞，对繁荣我们舞蹈创作将有所促进；对弘扬民族优秀文化，把握文艺的社会主义方向也起到积极的作用。

　　陈翘同志为何能接连不断地创作出在国内流传甚广、在国外也有影响的自成一格的舞蹈作品呢？这是因为她一贯认真地执行党的文艺路线、方针政策，坚持"两为"方向，也是她对生活、事业和民族艺术炽热眷恋和无比忠诚的结果。

　　1950年，她参加潮汕文工团，为了要当舞蹈演员，每当躺在地铺上时，她双脚蹬墙，头顶青砖，来控制自己长得过高。1954年，为了支援海南的文化事业的发展，她毅然离开富饶的家乡，来到当时还相当落后贫困的五指山区。从此，她一步一个脚印踏踏实实地走向舞蹈的殿堂。当一群黎族姑娘向她提出"你们能不能也跳一点我们黎族的舞蹈"的问题时，正在演员道路上走红的她，考虑的不是个人的得失，而是人民的需要，黎族同胞的需要。只有初一文化水平、从未学过什么编导知识的她，出于一个革命舞蹈工作者的责任心的驱使，决然奔向舞蹈创作的道路，一头扎进生活的怀抱里。在那风雨飘摇的船形茅草屋，她经历过蛇盘床下，蟾蜍入鞋的惊吓；山上的蚂蟥咬得她鲜血直流；突然暴发的山洪险些要了她的性命……种种艰危从未使她退缩，磨炼了她的性格，使她更加坚强和懂得奋争。黎胞酿造的山栏酒，使她沉醉，她分享着黎胞的喜悦，感受着黎家的温暖。为了学习打柴舞，脚夹肿了，她还是坚持，虚心向黎族人民学习，苦苦寻觅着民族舞蹈艺术的源泉。

在给予她艺术生命和希望的海南岛五指山区，她以毛泽东《在延安文艺座谈会上的讲话》中所阐述的文艺思想为指南，用舞蹈艺术家独有的感官和灵魂，拥抱现实，感受生活，在美丽的青山绿水间，在可爱的黎族同胞中，她足迹所至，总是满载而归。于是一个民族传统节日，一顶草笠，一次运粮，一盏胶灯，一趟摸螺都能引发她的舞思，激发出浓烈的舞情。许多平凡的生活细节、普通的生活现象，一经她发现、点染、升华，就形成了风格独特而又感人至深的舞蹈形象。"生活是创作的源泉"，这一真理在陈翘的舞蹈创作实践中得到印证。时下一些"西方的现代舞才是高""民族民间舞陈旧、过时""要淡化政治、情节、人物"等理论和朦胧得令人费解的作品颇有市场，使一些同志思想混乱了，他们不重视深入生活，满以为闭门可以造"车"；他们认为深入生活、继承和发扬民族艺术优秀传统，是个框框，束缚了人们的手脚，束缚了创作自由。这和陈翘相比，可谓泾渭分明。

"三月三"节日，是"东方县江边一带的黎族，在农历三月初三这一天，村民们集会预祝山栏稻和狩猎丰收。到夜晚，篝火通红，穿着节日盛装的小伙子和姑娘们三五成群相对而坐，通过对歌倾诉爱情，寻找伴侣，双方情投意合便互赠礼物，然后双双离去"（《海南黎族苗族自治州概况》）。这一民俗活动，原来是没有舞蹈场面的，而陈翘，亲历其境，参与"三月三"活动，夜里黑乎乎的，小伙子错把她当成黎家姑娘。在掌握了大量的生活素材之后，她以自己对生活敏锐的洞察力和表现力，剔除"三月三"节日活动中粗俗、不健康的部分，抓取了节日活动中最美好、最典型、最有光彩的地方，以抒情舞蹈这一形式，恰到好处地表现出黎族青年幸福美好的生活场景。

《草笠舞》的诞生，使陈翘善于从日常生活中捕捉美的形象、提炼诗的意境的艺术才华得到更充分的显露。从生活中捕捉到的一组组镜头：黎家姑娘劳动了一天，回到茅草屋里，在昏暗的炉火边，用情人从深山采来的野葵叶编织成别致的草笠，再配上自己精心织成的彩带，成了一件珍贵的装饰物；金色的夕阳光照下，成群结队的黎族姑娘头戴草笠，有说有笑地走在田埂上……这些组成了一幅令人陶醉的充满诗情画意的田园画卷。这些来自生活的自然色彩浓郁的镜头，经陈翘筛选、剪接，紧紧把握住黎家姑娘爱美、追求美的主线，提炼成《草笠舞》"瞧，我们多么漂亮啊"的主题。

《喜送粮》《踩波曲》《胶园晨曲》《摸螺》等作品创作的成功，都无一不包含着陈翘同志对黎族人民的历史发展、地理环境、生产方式、宗教信仰、审美情趣等方面的深入了解与深刻的认识。这些和陈翘与人民的生活融为一体，从民族民间舞蹈中吸取养分，继承他们的文化优秀遗产是分不开的。没有了这些，陈翘的舞蹈必将是另一种面貌的舞蹈，是没有特色、没有风格、没有光彩、昙花一现的舞蹈。

依我看，在我们的舞蹈编导中，能够像陈翘那样，创作同一个民族的舞蹈，数量如此之多，质量如此之高，能够形成自己独特的创作风格和个性的，为数不多。陈翘舞蹈作品除了上面叙述过的她热烈地拥抱生活、竭尽全力讴歌生活中的真善美，用简洁、朴素的艺术手法，塑造出丰满感人的舞蹈形象，并辐射出理性的光芒等特点外，还有一个重要的特点，就是创新的舞蹈语言。

黑格尔在他的《美学》中指出："诗在一切艺术中都流注着，在每门艺术中独立发展着。"舞蹈艺术的诗化，最终是由语言来体现的。舞蹈形象塑造得是否生动，是否具有强烈的艺术感染力，这取决于编导的舞蹈语言的积累，以及对舞蹈语言的把握与运用的能力。陈翘对舞蹈语言的运用和创造是有其独特之处的。你可发现，她每一部作品都有形象突出的、和人物性格相符的主题动作，这些动作令人过目难忘，一谈起陈翘作品，这些舞蹈动作就跃现眼前。陈翘在创作实践中就经常强调：

"我就是我""左手左脚也是舞蹈"。

"我就是我"，就是以敏锐的洞察力审视生活，撷取题材，不与他人雷同；就是不食现成饭，不依葫芦画瓢照搬民间素材；就是要有自己的品格，要创造出新，不抄袭别人。"左手左脚也是舞蹈"，就是要破格，不因循守旧，在通常的情况下，人们觉得不好看、不顺眼的动作，经特殊处理使之变为美的很有特点的动作。创造新的舞蹈语汇，这是发展民族舞蹈传统的需要；新的舞蹈语汇的产生，不是凭空臆造的，其依据是丰富多彩的现实生活，从生活提炼创造的语汇，是高于生活的美的形象，为群众所乐于接受。

民间舞"跳鬼"的动作，扣胸、缩腿的形态是难以显露解放后翻身的黎族青年的幸福爱情风貌的。陈翘在舞蹈《三月三》中就设计了手提树叶半遮脸和原地碎步摇肩等能展示女子谈恋爱时那种既害羞又兴奋的感情动作。男青年一出场，就以昂首挺胸、抬腿阔步摆手、身子左右摇摆的舞姿出现，一下子就把小伙子开朗、潇洒的形象和寻找情人的焦急心态刻画出来，抓住了观众。

如果说，《三月三》舞蹈动作的产生是从舞蹈特定的环境、特定的内容出发，对"跳鬼""跳娘"等民间祭祀性舞蹈动了大手术，使之从形到质起了变化，取得较好的艺术效果的话；那么，《草笠舞》动作的挖掘，则是作者以独特的艺术眼光审视生活的结果。黎族姑娘是十分爱美的，"妇女大都扎球形发髻于脑后，插以骨簪或银簪。各式女上衣边缘皆绣花……上衣也有的缀以贝壳、穿珠、铜线、流苏等饰物。……妇女都喜欢佩戴各种银质或铜质饰物"，"黎族妇女解放前有文身的习惯，刺纹部位及脸、颈、上身、手臂和腿部"，这些都是她们爱美的表现（当然文身还有图腾崇拜的因素）。陈翘紧紧抓住"美"字去做文章，淋漓尽致地发挥。在舞蹈中，姑娘们一横排的手叉腰，上身松弛歪身出胯，一脚为重心，一脚弯曲点地，同边顺拐，由台中直冲台前的神态，就是让观众尽情地欣赏，"我织的筒裙多美，我长得多俏"。舞蹈中，手在身旁齐腰处弯曲微抬起摆动，脚作四十五度角的抬起踮脚的运用很多。这是表现喜悦欢快之情的需要，又是使手镯、脚镯等饰物有机会亮相的处理。此外，还有姑娘们相互对视梳理帽穗、织带等都是经过细心的观察，精心安排的。

陈翘舞蹈语汇丰富多姿，和她善于吸收、融化其他舞种乃至外国优秀舞蹈文化有关。她说："别人说我的舞蹈的拐脚动作，是从新疆舞吸取过来的。不对，是从傣族和缅甸舞蹈中得到启迪，演化过来的。"这话说得有道理。人们知道，黎族是我国具有悠久历史的少数民族之一。据史学界推断，黎族的远古祖先是大约在新石器时代中期或更早一些从两广大陆沿海地区陆续迁入海南岛的，黎族与我国南方的壮、侗、水、傣、布依等民族有密切的渊源关系，是从古代"百越"族发展而来的。对于黎族族源还有一种说法：黎族来源于南洋的一些古代民族，从海道进入海南岛。从黎族的文身、妇女装饰、口琴、织绣物品等方面所表现的特点，认为黎族的文化系统属于"太平洋四个文化区中的印度尼西亚区"，"与南洋群岛各民族所有者大同小异"，从而推断黎族源出于南洋各民族。（《海南岛黎族起源之初步探索》）

黎族族源到底属哪一说，这由民族学的学者去研究。但从上述材料可清楚看到，黎族和傣族、布依族、南洋各民族有"密切的渊源关密"，"所有者大同小异"，那是可以肯定的。所以陈翘撷取了傣族和缅甸舞中三道弯和拐脚的韵味，加以消化，演变成《三月三》中的拖脚小抬腿，以及《摸螺》中摆手左右旁抬腿的黎族儿童特点动作。这些借鉴来的舞蹈文化语汇，是能包容在黎族人民的独特审美情操和民族素养之中的，这必然取得"像"和有"黎味"的效果。难怪黎族人民看了这些舞蹈后说："这是我们的舞，不过比我们自己跳得更好看。"

黎族人民心爱的舞蹈家陈翘，在湿润而丰沃的海南大地上，吮吸着黎族人民的乳汁和丰厚的文化财富，用自己对生活的看法、自己的取材角度、自己的构思方式、自己的表现手段，创作了成人的、儿童的、抒情的、叙事的、革命内容的和民俗风情的舞蹈，体裁、题材、形式丰富多样。这些舞蹈，既是黎族舞蹈，又是民间所没有的黎族舞蹈。这是创新和发展了的黎族舞蹈，比黎族舞蹈原型更丰富多彩。这些陈翘风格的黎族舞蹈，就像植根于黎山沃土的槟榔花，芳菲四溢，华彩照人。

1990年

青春永驻　舞韵长存

——为陈翘从舞40年而作

贾作光

　　在中国舞蹈界一提起陈翘，大家几乎都晓得她是一位倔强的南国女强人。对舞蹈事业执着地追求，并取得了举国皆知的成就，特别在发展中国黎族舞蹈方面取得了不可磨灭的功绩。我认识她，正是她风华正茂、青春润泽的时候。五六十年代，她创作的《三月三》《草笠舞》等舞蹈被选出国参加世界青年联欢节。那时她随海南歌舞团来到北京，而我是组织分配去帮助她修改节目的。她那矫健的身材，爽朗坦荡的个性，一见面就熟悉了，她滔滔不绝地向我讲述了她在黎族地区深入生活创作舞蹈的各种经历，使我对这位初次见面的广东姑娘产生了十分亲切友好的感情，节目我还没看呢，她便对我说："节目太长。贾导演你就砍吧，动作也可以改。"说得那么实在，太干脆了。我觉得她纯洁得像一张白纸，倒令我感到难为情，心想我没到过海南岛，对黎族人民的生活一无所知，怎么能去改人家的作品呢？当时我回答了这位热情的姑娘。但她以像拜菩萨的心情求我，没有半点虚假，我只好与她一起看完节目。我坐下来和她商量，由她去剪裁，直到满意为止。《草笠舞》修改后，她高兴地说："贾导演，这回可改好了。"哈哈笑个不停，她如孩子般天真，待人诚恳，热情爽直，虚心好学，对舞蹈事业热爱，对生活热爱，对黎族人民充满了炽热的感情。这是我与她接触中所留下的第一个印象。

　　随着时间的延伸，随着开会、舞蹈会演、观摩、排练等机会的增加，我和她的接触越来越多了。我们见面就谈舞蹈创作、如何深入生活、如何为人民服务，令人神往。她告诉我，到黎寨与劳动人民结合与老乡们同吃同住同劳动，奇异的民俗都注入她的创作的灵感。为了学习黎族民间舞蹈打盅盘、打柴舞，了解黎族人民的生活，她晒黑了皮肤，干裂了嘴唇，跋山涉水，不怕苦，不怕累，不怕蚂蟥蛇蝎的威胁，年复一年地吮吸人民的乳汁，充实自己的创作营养。生活，把这位年轻姑娘的意志锻炼得如钢铁一样，她的身体结实得像个小伙子，她的坚强个性令人敬佩。她当副团长的时候就显示出强人本色。严格要求她的团员，保持革命文艺工作者的廉洁品质，继承和发扬革命传统的好作风。为了坚持党的文艺方向，她始终如一地面向人民群众。她经常率领大家深入黎家村寨，把文艺送上门，成为黎族人民的贴心人，黎族阿妈把她当做女儿。无论在农村或是在城市里演出，全团都以人民的公仆面貌出现，在她的带动下，帮厨、打扫卫生，辅导群众文艺活动，以雷锋为榜样，坚持做好人好事。他们走到哪里演到哪里，把雷锋精神就带到哪里，始终保持革命文艺工作者的高尚品质。在资产阶级自由化思想泛滥期间，她毫不动摇地坚持为人民服务、为社会主义服务，不走穴，不演低级庸俗的东西。她始终坚持发展民族舞蹈，弘扬中华民族文化的宗旨。她不为金钱所诱惑，从不追求奢侈与享受。她在国外的亲属都很富有，她委婉谢绝了亲人要她出国的好意，她心中有比金钱珍贵的东西——她热爱祖国，热爱社会主义，热爱舞蹈事业。舞蹈的宝藏，还要她努力去开掘。为了歌舞团的建设发展，她向上级领导请示批准，建起了办公大楼及演员、家属宿舍，从而使歌舞团的工作条件得到了大大地改善。

陈翘同志40年来无私无畏，不屈强势，伸张正义，她的这种美德为人称道。

她在艺术上严格要求，一丝不苟，她的舞蹈创作数量多、质量好，别具一格。她在音乐舞蹈史诗《中国革命之歌》中编导的表现"海底"的一场舞蹈，是反映石油工人生活的。这是她在天津深入生活后创作的。风格清新，捕捉形象准确，艺术概括力强，并运用了时空对比，调动了各种艺术表现手段去展示石油工人的革命乐观主义精神，把海石花化为仙女，形象地展了现石油工人与大海的感情。她把握了革命浪漫主义与革命现实主义相结合的创作方法，较好地表达了舞蹈的主题。"海底焊花"舞蹈技术性很强，她以百改不烦的精神，几次推翻、修改，绝不马虎对付，她对艺术创作的严肃性给人留下深刻印象。

她的许多小品舞蹈，形象鲜明，展现了时代生活的情趣，富有民族特色与生活气息。如获得首届广东鲁迅文学艺术奖一等奖的《摸螺》，典型地体现了陈翘的艺术风格。强烈的时代感，浓郁的生活气息，灵巧的舞蹈语言，跳跃的节奏等等，在她的几个作品中处处可见。她的作品充满了革命乐观主义精神，表现出她对新生活的审美价值观。

在创作上，她自觉地为群众服务的意识是很突出的，证明陈翘对党的文艺方针是不折不扣认真贯彻执行的。她旗帜鲜明，立场坚定，不为西方现代文艺思潮所影响，坚持社会主义文艺创作思想，她40年来就是这样走过来的，真不愧为是党的优秀舞蹈家。40年来陈翘同志始终不渝地在坚持革命化、民族化、大众化的轨道上驰骋，因此她的许多创作都具有浓郁的乡土味与时代气息。更可贵的是她的艺德，不抄袭别人，尊重传统，勇于创造，不断前进。可以说，她在黎族舞蹈这块美丽的绿洲上洒下辛勤的汗水，已经结出累累硕果，为黎族舞蹈艺术树立了一块光辉的丰碑。她的功绩是要载入舞蹈史册的。值此陈翘同志举行从舞40周年作品晚会的美好时刻，我热烈地祝贺她：青春永驻，舞韵长存。

1990年

椰林中，那一双明亮的眼睛
——写在陈翘舞蹈生涯40周年纪念之际

资华筠

陈翘有一双明亮的"海南型"的大眼睛。人们往往把这双眼睛和她颇具影响的反映海南风情的舞蹈作品，如《三月三》《草笠舞》《胶园晨曲》《摸螺》等联系在一起，推论出她是土生土长的海南人，甚至误认为她是黎族姑娘。其实，陈翘是汉族，祖籍广东省潮安县，舞蹈生涯的起点则是在汕头，凡此种种，几乎无一和海南相关。但是，人们的"误会"却是合乎情理的，甚至可以说是这位舞蹈家的幸运和殊荣。因为40年来，陡峭、险峻的五指山伸出巨手拥抱了她，婆娑的椰林摇曳着身影向她致意，黎寨的阿妈、阿爸、兄弟姐妹以一颗滚烫的心接纳了来自异乡的女儿……陈翘在这富饶而又荒蛮的宝岛上，在机智而又粗悍的民族群体中扎下了根。以同样一颗滚烫的心紧紧地贴近人民、贴近生活。她长期不懈地用自己那双锐敏又深情的眼睛，寻觅着、观察着、摄取着、体验着，于是椰林、胶园、黎寨，祖祖辈辈生活在海南的古老民族的昨天、今天和明天，透过她那双明亮的眼睛，幻化出了许多绚丽多姿的舞蹈，带着南国特有的风情，带着黎胞特有的俊美，自由自在地步入了祖国的艺术殿堂，翱翔于当今世界舞坛。40年的奋斗、求索，40年的艰辛、坎坷，40年的欢欣与狂热，似乎就是这样的简单。

生活和艺术的真谛从来是既单纯又复杂的。单纯是就它的内在本质、科学规律、普遍真理而言；非此，很难为千百万人所接受，并身体力行。复杂则是指在追求与实践科学规律、普遍真理的过程中，它无任何现成的模式可循，没有一个人的主客观条件是等同的。在"条条道路通罗马"的人生跋涉中，每个人都需要自己拓荒、开路。

艺术家素来以独一无二的创造为追求目标，这是艺术的生命所在。而创造的价值大小又在于它能否不断地验证、揭示和丰富着生活的真谛和规律；非此，则难以突破孤立的个人行为的局限，经受长期的社会选择而使自己的创造富有时代意义。我们今天和陈翘一起重温她40年的舞蹈生涯，正是在这"单纯"而又"复杂"的辩证统一中，真实地回顾历史，总结规律。

在舞蹈历史的发展中，专业舞人的出现是个至关重要的转折点。以娱人、育人为目的的专业舞人，提高了舞蹈的技艺水平，强化了舞蹈的社会功能。正如汉代傅毅的《舞赋》所云："修仪操以显志。"这个"修"字无形中道出了民间自然传衍的舞蹈和专业舞人刻意创作的舞蹈之间"质"的飞跃。"修"字说明专业舞者的一种自觉追求——修炼和修饰舞蹈技艺，求索其内在的规律。

一代又一代的专业舞人，师法传承，精益求精，不断创造；加之吸收、融会其他艺术门类之优长以及音乐、服饰、布景、道具等伴同因素的综合发展，使舞蹈成为富有魅力、拥有广大观众的一门高层次艺术，是一个国家、民族文明程度的标志之一。

在漫长的历史演进中，许多杰出的专业舞人的创造及其舞蹈观的传播与实践，往往会影响一代舞风，甚至孕育出新的舞种。这说明，专业舞人在舞业兴衰、舞风变异中的重要作用。

但是，就本质而言，舞蹈的生命之源来自人民，舞蹈的生命之根深植于人民，人民群众通过社会选择和自觉参与把握着舞蹈创新、发展的主动脉。因此，任何一个时代有所作为的专业舞人，无一不是以自己的魂魄与人民息息相通的。

纵观中华民族几千年的文明史，恐怕没有一个时代的专业舞人可以和我们的历史责任和社会作用相比，也没有一个时代的专业舞人可以和我们所拥有的精神支柱和物质条件相比。尽管我们曾经并且仍在经历着层出不穷的困惑和苦恼，呕心求索，步履维艰，甘苦自知……我们依然真切地感受到，和历代专业舞人相比，我们是幸运的。因为我们所生长的社会主义时代赋予了我们崇高的信念和先进的思想武装，时代在我们面前展现着一条投身于人民的通途。

陈翘是我们这个时代专业舞人中的幸运者，她沐浴着时代的甘露，并通过自身坚忍不拔的努力和独特的创造，成为我们这支队伍中的佼佼者。

她的幸运还出自她生就的那双敏锐而深情的眼睛——闪烁着艺术的灵性和坚毅的生活信念。那么，就让我们透过这双明亮的眼睛，去追溯她在五指山下、椰林丛中留下的身影，探求一下她的生活信念、艺术灵性是怎样被点燃的？又闪烁着怎样的光彩？

《三月三》是陈翘的处女作和成名作。这个节目1957年在第一届全国专业团体音乐舞蹈会演时，一炮打响，立即被兄弟团体争相学演。之后又随中国艺术团在世界青年联欢节上展演并被介绍到世界各国舞台。远在中日建交之前的1958年，中央歌舞团作为第一个访日的国家级歌舞团，在精选演出节目时，就选中了《三月三》，把它列为每场必演的节目之一，收到很好的演出效果。

记得当时，我们曾向年轻的编导陈翘请教她的编舞体会和创作经验。给我印象最深的是，她像小说家那样讲述黎族传统节日"三月三"的故事。有人物，有情节，有场景，既柔情蜜意又充满风趣。这说明作者十分重视生活的体验和积累，并不单纯着眼于"抓素材"——对舞蹈外部形态的捕捉。这使她的创作起步点比较高，作品有较丰富的内涵。也可以说，这些正是她艺术灵性的闪光。

毋庸置疑，舞蹈有其独特的表现形式，它以人体动态的神韵来"说话"。舞蹈语言是富有内涵的人体动作的有机构组，一个民族舞蹈的语言，则必须具有其典型性的表意审美特征。编舞者要想在短短几分钟的作品中，把自己丰富的生活感受，通过富于民族特征的典型化的舞蹈语言来体现，是一项艰难的创造，而非素材的拼凑。今天，当重新审视陈翘的这个处女作时，我们应当比当时更深刻地评估它的审美价值和作者的创造精神。

黎族舞蹈《三月三》表现的是人类永恒的主题——情爱，通过古老的民族习俗来展现。我们在这个作品中所看到的不是自然主义的生活原初形式的再现，也不是我族中心主义的猎奇或强加于人的"拔高"，而是黎族青年男女之间美好感情的浓缩与升华。它如诗如画，纯净优美。显然，作品的基调和品位是作者审美价值取向的反映。

今天，我们站在新旧观念交替的十字路口，面对各种价值观念互相冲击的浪潮，思考着舞蹈与人的价值取向：舞蹈作为人类肉体生命和精神生命的象征，应该以表现人类浓缩的升华了的感情为追求目标，还是仅仅把人的生命力归结为原始本能的冲动，以表现这种"冲动"为追求目标？对照陈翘30多年前在自己的处女作中表现出来的审美价值取向，我们会获得一种温故而知新的启迪。

《三月三》的舞蹈语言也很有特色。它那快慢相间的步态和节奏的巧妙变化，它那微微摆动的上身和顺拐式的动作流程，它对于舞具——伞和树叶的巧妙运用以及舞蹈中一组组"特写镜头"所展现的人物个性……都给人留下了很深的印象。

据说，陈翘这部处女作的问世是源于黎族姑娘的一句话："能不能在舞台上跳跳我们的黎族舞蹈？"黎族同胞的一句话激发了她的历史使命感，也点拨了她的艺术性灵。可以说，《三月三》是她交出的第一份"答卷"。当时她心目中最具有权威性的"考官"，无疑是密密丛林中、深山牧场上、低矮的茅屋里的黎族同胞，却没有想到这张"答卷"日后会面对那样一个广阔的"考场"，接受数不清的"考官"的检验。正是黎族同胞的认可，使《三月三》得以飞出椰林、山寨，走向世界。这样的经历绝非陈翘所独有，它具有普遍的规律性。

《三月三》在陈翘创作生涯中留下的第一个脚印，对于她和我们大家都是很有意义的。因为它是一个古老的民族舞蹈文化遗存得以发扬光大而上升为艺术舞蹈的一个标志，它是新中国第一代民族文化开拓者在时代造就下的一份珍贵奉献。

自此以后，陈翘的创作激情，大有千里决堤之势，成果累累。《草笠舞》《喜送粮》《胶园晨曲》《踩波曲》《摸螺》……几乎每个时期都有其代表性的作品，在群众中引起较为强烈的反响，先后在国际、全国和省内获奖。

在叹服她的作品精巧、有灵气之余，人们都很想探求其诀窍所在。其实陈翘所坚持的创作道路，是许多人都懂得的常理——贴近人民，贴近生活。难能可贵的是她扎得深，泡得久，始终保持着高昂的创作热情。如果说她有什么诀窍的话，那就是善于透过那双敏锐而深情的眼睛，从生活中摄取时代的闪光点，并且巧妙地进行思维媒质的转化——以独特的舞蹈语言予以展现。编舞者的这种甘苦自知的精神劳动，没日没夜，无休无止。生活中越是有心的人，越是身心劳顿，有时简直近乎于一种"自我折磨"。然而，创作的灵感往往就在这时叩击你的心扉。《草笠舞》的孕育、诞生，或许可资佐证。

陈翘创作《草笠舞》是在她深入黎寨、赶牛踩田之余，回到昏暗的茅屋里，她看到炉火旁的黎族姑娘编织草笠而触发了灵感。其实，这本是黎族司空见惯的生活现象，但是长年和黎胞生活在一起的陈翘却从中窥测到了姑娘们用情人从深山采撷来的野葵叶精心编织草笠时的心态。一顶顶色彩斑斓的草笠，凝聚着姑娘们的纯情和聪慧，积聚着一个古老民族的审美情趣。

于是陈翘以"瞧！我们多漂亮！"作为《草笠舞》的情感隐线，以鲜明、洗练的舞蹈语言，把黎族姑娘的体态美、心灵美融于一体，充分展现。活泼俏丽的《草笠舞》，使人心驰神往地想到在火红的晚霞中，从金色的稻田里结伴而归的黎族姑娘和大自然交相辉映所组成的一幅美景……在这个节目中，我们发现陈翘在开掘和丰富黎族舞蹈语言的表意、审美功能方面又向前跨越了一步。

这里特别值得一提的是《喜送粮》和《胶园晨曲》。这两个舞蹈产生于十年浩劫的后期，陈翘从"牛棚"解放出来不久。那个时期，民族舞蹈被冠之以"四旧"之名，几乎被摧残殆尽。许多优秀的作品被打成"毒草"，批倒、批臭。阴谋文艺、图解政治的节目充斥舞台，模式化的舞蹈语言风行一时。但是《胶园晨曲》和《喜送粮》这两个反映劳动题材的作品却一反当时的舞风，以精巧的艺术构思，鲜明的民族特色和清新、优美的格调，使人感到耳目一新。作者以自己对生活的忠实和对舞蹈艺术规律的恪守，突破了那个令人窒息的时代的羁绊，由此使作品的艺术生命超越了那个非常时期而得以延续。《喜送粮》和《胶园晨曲》或许算不上陈翘的最佳之作，但是我们却从中看到了她那双明亮的眼睛，体味到了这位舞蹈家的政治良知和艺术上的主心骨。

获得广东省第一届鲁迅文学艺术奖一等奖的《摸螺》，是陈翘作品中，唯一的儿童舞蹈。论题材，它不算"重大"，但是当它第一次在首都舞台上亮相时，就十分令人瞩目了。

陈翘在这个小品舞蹈中，选取了黎族儿童日常的劳作嬉戏中一个小细节，自然而贴切地表现了孩子们的互相友爱之情，从而对宣传精神文明起到了寓教于乐的作用。这当然是值得称道的。不过，陈翘在《摸螺》中显示的功力，更突出地表现在对黎族舞蹈语言的发展和创新上。

这是一个成人表演儿童的艺术作品，在舞蹈语言的风格表现上，存在着不少难题。它需要夸张，却忌矫饰；它应该单纯，却不能单调；它需要鲜明，却不失自然；它应该有儿童情趣的共性，还应具有黎族的风格特性。不错，陈翘对黎族舞蹈有着相当丰厚的"库存"，但是节目的内容和时代的发展，都不允许她重复地套用过去的素材，一个有出息的编舞家也不屑于"炒冷饭"。在解决上述种种难题的过程中，我们看到陈翘——比其在早期作品中——更敏锐地捕捉到了黎族所处的生态环境和形成其体态特征及审美意识之间的有机联系，由此而获得了驾驭和发展黎族舞蹈的更大自由，这正是编舞家日趋成熟的标志。

从《三月三》到《摸螺》，陈翘的力作大都是黎族舞蹈。她在这个领域中的求索，完成了两种质的飞跃：第一是将黎族自然传衍的舞蹈升华为具有社会主义时代属性的舞台艺术品；第二是通过自己的一系列作品，完成了对黎族舞蹈语汇系统的构建。二者存在着有机的联系，不过并非实践了第一种飞跃的人，必然可以过渡到第二种飞跃。

直观所能感受的某种民族舞蹈的外部形态特征，并不能构成它的舞蹈语汇系统。单一的以人体形体运动参数为基础的外部形态，同它的情意内涵和审美特质并不存在绝对固定的对应关系。我们必须通过舞蹈的外部形态联系其表意、审美内涵方能形成对舞蹈语言本质的认识和把握。作为人类直接体验范围和舞蹈艺术中心概念的"美"，似乎不难确认。但审美的标准不仅因民族（文化背景）而异，同一民族的个体之间也存在很大差异。编舞家要把握住一个民族的舞蹈语汇体系，着重考察和探究的既不在于人类共有的审美心理机制决定的"大同"，也不在于因个人气质、修养或人生经历而决定的"小异"，而是因宏观环境造成的具有文化特异性的那部分"共有特征"。就各民族之间比较而言，它是"异"；从民族内部来观察，它又是"同"。

陈翘在醉心于自己一个个作品的编创时，或许并未明确意识到上述有关民族舞蹈的审美特质的理论问题。但是她的创作实践却符合这一规律。她的一系列各具特色的表现黎族风情的舞蹈，既显示出各民族之间比较而言的特异性，又具有宏观文化环境所形成的民族内部的共有特征。在这"特异性"和"共通性"之中所蕴积的表意、审美的内涵及其与外部形态特征所形成的对应相关，基本上构成了一个舞种所应具备的舞蹈语汇系统。它绝非仅仅将民间传衍的零散的黎族舞蹈动作进行技术性的归纳整理而成，而是长期的、艰苦的艺术创作的"集大成"。就此而言，我们可以毫不夸张地说：陈翘作为新中国第一代专业舞人对发展边远地区古老的黎族舞蹈文化，做出了历史性的贡献。她的实践经验对于建设发展具有中国特色的社会主义的舞蹈文化，具有普遍意义。

当然，陈翘的作品并非都是上乘。如果借用文学语言来比喻，她似乎擅长于绝句和抒情散文，处理史诗性的鸿篇巨制，尚欠缺一种高屋建瓴式的气派和功能。这或许近乎于一种苛求，却是我十分真实的感受。

追溯着陈翘所走过的漫长的路，我们似乎在椰林中、水田边、山寨里，处处看到她那双敏锐的深情的眼睛。不知不觉，这双眼睛的眼角已经出现了不少鱼尾纹，仿佛是一条条通向大海的小溪，通向岭南的盘山路——那是时代的铸炼、生活的风雨、艺术的求索刻下的深深的印迹。

如今，我们有理由要求这双知天命的眼睛，比40年前更加深邃、透彻。

她会深刻地懂得，先进的世界观、科学的方法论是艺术家创作思维的引擎，从而更加自觉地遵循马克思主义的能动的反映论。

她会切身地感受到，生活的源泉、人民的创造是滋养艺术家性灵的乳汁，从而更加自觉地贴近生活、贴近人民。

她会在心灵深处铭记着自己成长过程中每一位甘当人梯的良师益友，永远珍惜他们的教诲、点拨、支持和协作，且以同样的人梯精神为后来者开拓攀登之路。

集40年之经验，现在她比以前任何时候都更加清醒，在艺术王国里勇往直前。前面的路似乎更远、更长、更艰难，永远也望不到头，艺术不允许雷同，无论是照搬别人还是重复自己。

但是，只要我们所熟悉的这双眼睛，依旧像年轻时那样火辣辣，只要它确实比40年前更加深邃、透彻，只要她继续用这双眼睛不懈地寻觅着、观察着、摄取着、体验着，定会别有洞天。

那么，让我们为这双明亮的眼睛祝福吧！

1990年10月

写于北京西坝河新居

▎陈翘风格

何敏士

　　谈起《三月三》《草笠舞》《喜送粮》《摸螺》当中任何一个舞蹈，人们很自然就联系到陈翘。讲起陈翘，人们亦很自然地对她就冠以"女强人"的美称。听人说，陈翘经常强调"我就是我"。她对"我"，是充满着自信和自豪的。常说"文如其人"，陈翘的作品确很像陈翘。她的作品，经常表现出"别人不敢，我敢；人人这样，我就不这样"的倔强个性。自古有话"人强必有所恃"，陈翘自恃长期扎根于海南，与黎家有着数不清的情谊，生活积累亦多得有余，根本用不着再去模仿和因袭别人的作品。所以陈翘的作品，独具一格，格调清新。

　　《三月三》，是陈翘的处女作，亦是她的成名作。听说她创作这个舞蹈的时候，还带有点传奇色彩呢。50年代的陈翘，还是一个从未接触过编导，亦从未谈过恋爱的十七八岁的姑娘。在海南民族歌舞团，她只是个普通的舞蹈演员。农历三月三日，是海南黎族的传统节日，每逢这个节日，黎族未婚的青年男女就应节到郊外去唱情歌，跳情舞，谈婚择配，十分热闹。陈翘怀着好奇心去体验生活，跟着当地妇女钻进林子里去偷听偷看，几乎被年轻小伙子们误认为是求爱对象。

　　大胆创新、敢于创新是陈翘的舞蹈创作风格。创新就必须有所发现。但日常生活又总是那么平凡，能否从平凡中去发现不平凡，是对编舞者有否才能的考验。

　　陈翘创作《草笠舞》，题材就是从平凡生活中发现的。据说，她无意中发现黎家姑娘很美，特别是戴上草笠时的姿态容貌，有一种城市姑娘无法比拟的美。草笠，是黎家妇女雨帽的别称。对黎家姑娘来说，草笠既是她们的用具，又是装饰品，所以她们时时刻刻都随身带着草笠，而草笠又时时刻刻都为她们创造出千姿百态。年轻姑娘谁不爱美，爱美的表现各有不同，黎家姑娘爱美的特征表现在草笠上，《草笠舞》就是从这种感受中孕育出来的。

陈翘发现草笠而又创作出《草笠舞》，看来似乎很偶然，其实又并不偶然。陈翘对草笠早就不陌生了，何以没有"早就"发现呢？艺术上的发现，不同于生活当中寻找东西那样，眼见就是发现。艺术上，特别是美的发现，还需要有一座桥梁。情感是美的桥梁。这个道理，人们常用"情人眼里出西施"作比喻，"情"，当然不是一般的感情，乃是典型环境中的典型感情，一种高尚优美的感情。陈翘之所以发觉黎家姑娘美，是由于她对海南的山山水水都感到亲切，又曾经与黎家姑娘一起晒黑过皮肤，磨破过脚掌，对草笠还有过深刻的感情体验。所以发觉草笠美是有过程的，正如狄德罗谈演剧经验时说："情感在胸中堆积，酝酿，凡有舌头的人，都感到说话的需要，吐之而后快。"陈翘的经验恐怕也是这样，情感堆积到了饱和程度，审美的眼睛才能睁开。

《草笠舞》用它的实践告诉我们，"发现"不仅是以感情过渡。到了具体创作过程中每个舞蹈形象也是通过感情去创造的。《草笠舞》不等于"草笠"加"舞蹈"。它当中每一动作、每一细节都属于感情形象。作品结构、动作取舍是用情感的尺度去衡量的，少一分感到不足，多一分觉得多余，所以《草笠舞》才如此优美感人。当然，这种创作经验不是陈翘独有的。白居易早就有"诗者，根情，苗言，华声，实义"之说，把诗歌比作果树，没有根就不能长出苗，开不了花，结不出果。这虽然指的是诗，但舞蹈同理。这恐怕亦是《草笠舞》在创作上取得成功的奥秘。

常言道，舞蹈创作要有生活，也要讲究艺术才华。熟悉生活不算很难，但从熟悉的生活中有所发现就不容易了，把生活发现变成为引人入胜的艺术境界则更不容易。因此，恰切的、新颖的艺术表现手法也要善于发现。在这点上，陈翘做得很出色。《喜送粮》和《摸螺》这样一类司空见惯的题材，不能算是对生活有独到的发现，但它采用了别出心裁的表现形式和表现手法，真是别开生面。不说别的，就说对舞台空间的处理，通常做法都是要求既要扩大表演空间，又要想方设法去暗示出无限的想象空间，使意境更为宽广、深远。但《喜送粮》和《摸螺》不仅不这样做，反而用了一个大谷围和一座小木桥设置在舞台的正中，占据了大片"舞蹈场地"，令人一看就怀疑还有多少舞台空间去让演员们表演。舞台艺术历来就有一条"商约俗成"的规例，就是舞台上的中心区域必须让位给舞蹈和主要角色，让它们占有画面的最大空间。但谁也没有预料到这些堵塞在舞台正中的大道具正是作者有意安排的重要"角色"和"主要演员"，它们成了舞蹈中不可或缺的一部分。如《喜送粮》的结尾，把大谷围处理成一部汽车，满载着丰收的喜悦把公粮运走，就是画龙点睛式地把主题体现出来。又如《摸螺》中的木桥，演员们不仅在桥下有舞蹈，在木桥上也有舞蹈，而且只有这一木桥才更能突出木屐舞和那些小姑娘们把脚吊在木桥上休息的生活特色。这就不仅没有妨碍舞蹈表演，而且还为舞蹈表演创造出典型环境和有利条件。这种巧妙运用，就不是侵占和缩窄了表演空间，恰恰相反，它成了扩大空间的特殊手法，是一种具有突破性的创造。它的突破不止于此，更重要的是，它还为舞台美术设计探索出一条新路。历来舞蹈布景、道具，大多数都是属于舞蹈的附属品，或作为舞蹈的衬托而存在，没有自己的独立性。陈翘以自己的艺术实践，探索出"死景"变"活景"，静道具变成"活演员"的实例。毫无疑问，这对舞蹈创作做出了有益的启示。

陈翘对舞蹈的功绩不仅为国内舞蹈界所认可，在国外亦小有名气。《草笠舞》于1962年在芬兰赫尔辛基举行的世界青年与学生和平友谊联欢节舞蹈比赛中获得金质奖章；《三月三》《踩波曲》等作品被拍成纪录片，拷贝远销海外；《喜送粮》的舞蹈形象曾被制成绢人，当作代表中国的艺术礼物赠送给日本天皇。这些赫赫功绩，不仅陈翘本人值得骄傲，笔者作为广东的舞蹈工作者亦为此而增添几分自豪。

1990年

黎族舞蹈《三月三》在民族舞蹈发展中的地位和价值

刘金吾

现在的年轻人，可能有很多人没有看过黎族舞蹈《三月三》，现在年轻的舞蹈工作者，可能也有不少人没有看过《三月三》。所以，他们无法评价《三月三》的社会价值和历史功绩。可是，从50年代走过的我们，特别是处在一个多民族的省份、号称"歌舞之乡"的云南的舞蹈工作者来说；一个和《三月三》的作者一样，和少数民族结下了不解之缘的人来说，提起《三月三》就油然产生一种亲切感和美好的回忆。直至此时此刻，当提笔写此文时，我耳边就响起了动听旋律，眼前就浮现出一个个身穿宝蓝色衣裙的黎族少女，手拿碧绿色的树枝半遮面，依偎着一个个黎族小伙子，向椰林深处走去。

一、《三月三》是首抒情诗、赞美诗

50年代初的海南岛，在人们的心目中，没有更多的位置。它不像今天一样，人们那样熟知，更没有像今天那样，人们蜂拥而至。那时，人们偶尔在电影里看到的，是原始荒林覆盖的群山，零散坐落的茅屋村寨，偏僻荒野……

50年代初的黎族，和其他少数民族一样，在人们脑海里，仍是个谜。长期以来形成的少数民族即野蛮人的印象，一时难以抹去。当时在北京、上海，竟然还发生来看云南人是否长尾巴的怪事。同样，一般人对海南岛的黎族同胞，也不会产生美好的印象。

1957年初，全国专业音乐舞蹈会演，《三月三》出现在首都舞台上，竟是另外一番天地：黎族生活是那样的美，舞蹈形态是那样的美，舞蹈韵律是那样的美，音乐旋律是那样的美，服装美，道具美，甚至扎在头上的一根带子，也是那样的美……这许许多多的美汇集成一个总的印象，就是黎族人民真是太美了。舞蹈抒发了黎族人民深沉的情怀，表现了黎族人民纯真的感情，赞美了黎族人民美好的心灵。从此，在我脑海里的海南岛、在我脑海里的黎族人民、在我脑海里的黎族舞蹈是美丽的宝岛、质朴的黎族、优美的舞蹈，心中充满了无限的向往。

二、《三月三》是一幅充满诗情画意的风俗画

在长期的历史发展过程中，由于特殊的地理环境、气候条件、居住情况、生产方式以及特有的社会发展、宗教信仰、文化心理、思想感情等自然、社会环境的影响，而形成每个民族特有的风俗习惯。其中，节日活动又是最具有民族特色，最能表达民族心理状态、民族感情的中心活动。节日往往蕴藏着关于民族迁徙的历史、民族的生产知识和生活知识、祭祀祖先和天地鬼神等的内容，它也是联系民族的纽带。节日也成了青年男女相遇的机会，进行社交、谈情说爱的场合。各个民族有各个民族的表达感情的方式，有些表达感情方式的本身，就充满诗情画意。"三月三"节日就是一个充满诗情画意的节日。但生活并不等于艺术，如何把这丰富多彩的、在广阔天地里的浪漫生活浓缩于舞台，提炼为艺术题材，并艺术地再现于舞台，并不是一件容易的事。民族风俗习惯里，良莠兼有，精粗并存，如何表现其美好的东西，如何去掉其带有封建性的、宗教色彩的糟粕，是一个艺术家修养的表现，是艺术家对生活观察体验并进行艺术表现的结果。同时，这也表达了一个艺术家的立场感情和态度。舞蹈《三月三》里所体现的既不是对奇风异俗的猎奇，也不是对粗俗低级的展览；而是抓住生活的本质，表现了黎族人民最美好的精神。《三月三》展现在我们面前的，是一幅充满诗情画意的风俗画。作品是作者对生活的认识和体现。从舞蹈《三月三》里，我们深深感觉到，作者对黎族人民充满的情和爱，对黎族人民饱含着深情厚谊，以及她和黎族人民同呼吸共命运及满腔热忱地歌颂黎族人民在党的民族

政策光辉照耀下幸福生活的心。"三月三"是在黎族生活中流传了千百年的一个传统节日，但在舞蹈《三月三》里，透给我们的，却是具有时代精神的黎族人民的精神风貌和美好感情。《三月三》为通过舞蹈形象表现民族风俗生活做了成功的尝试和探索。

三、《三月三》里展现了美丽的黎族舞蹈形象

《三月三》的成功，不仅仅在于它正确地表现了黎族人民的民俗生活，还在于它用黎族舞蹈将此生活艺术地再现于舞台，使之成为一个具有浓郁的黎族风格特色舞蹈。《三月三》体现了内容和形式的统一、内在风格与外在风格的统一，它既是黎族人民自己的生活，又应用了黎族人民喜闻乐见的艺术形式予以表现。因此，它成为了一个既受黎族人民欢迎又受广大群众欢迎的黎族舞蹈。

用民族舞蹈手段表现民族的民俗生活，不是一个简单的问题。特别在50年代初，这更不是一个简单的问题。随着时代的发展、生活的变化及作品内容的需要，原来的民间舞蹈，不是拿来就可以用，必须要有所发展才行。如何发展呢？我认为《三月三》也做了成功的尝试。在《三月三》里，我们看到，作者是在深刻掌握和理解黎族舞蹈的基础上，沿着黎族舞蹈自己的发展规律去发展提高的。因此，在作品里展现出来的舞蹈形象，既是黎族原有的舞蹈，又是比原有舞蹈更美更具有特色的黎族舞蹈。从舞蹈的形态、韵律、流动变化等来看，这个舞蹈无不充满着浓郁的黎族风格特征，从而也较好地表现了主题思想和内容。这一切，在人们心目中，留下了美好记忆。美丽的海南岛，诗情画意的民族生活，独具特色的黎族舞蹈，融合成完美的舞蹈形象，展现于观众面前。

四、《三月三》在民族舞蹈发展中的地位和价值

《三月三》诞生于50年代初，如何在舞蹈作品里表现民族的风俗生活，如何用民族舞蹈来表现风俗生活，以及由此而涉及的领域，诸如如何深入生活，如何抓住生活本质，如何在民俗生活中取其精华、弃其糟粕，对民族舞蹈如何进行收集整理、加工创作，如何继承，如何发展等问题，在当时均处于摸索和起步的阶段。而《三月三》的成功，为我

们提供了可贵的借鉴经验。在应用马克思主义文艺观和毛泽东文艺思想指导少数民族舞蹈的发展上，舞蹈《三月三》的成功实践，具有开创性的历史意义和价值，为中国少数民族舞蹈的发展做出了积极的贡献。这些经验在今天更具有现实意义。近年来，由于资产阶级自由化思想的影响，舞蹈界也产生了一些混乱思想。诸如，一个从事民族舞蹈事业的艺术家是否能脱离民族生活的土壤？是否需要从广大少数民族群众——母亲那里，吸取乳汁和养料？是否要发展民族舞蹈、弘扬民族优秀文化传统？在坚持四项基本原则，反对资产阶级自由化的今天，这些都是必须鲜明回答的问题。而这些问题，我认为可以从研究舞蹈《三月三》的成功经验里，得到可贵的启示。这就是舞蹈《三月三》在民族舞蹈发展中的地位和价值。

1990年12月5日于昆明

山花独秀　舞韵生辉

——谈陈翘舞蹈风格的形成

朱松瑛

　　人们说，陈翘创编的舞蹈具有"黎族风采，陈翘神韵"的美感和艺术个性。这种褒奖是恰如其分的。陈翘为人热情爽朗，敏锐精灵，对事业具有执着追求和锲而不舍的精神。她创编的舞蹈亦显现着质朴清新、秀美自然的艺术风格。"风格"是艺术创作中的一个特殊组成部分，任何作品如果缺乏它，必然语汇乏味，形象苍白。我国古代《晋书·裴楷传》说："风神高迈，容仪俊爽。"意指艺术作品的风采神韵越高雅洒脱和富有个性，其塑造的艺术形象就越生动鲜明。我以为，陈翘的舞蹈，就具有这种鲜明的艺术个性。她的舞蹈艺术风格，主要表现为主客观审美理想的和谐与统一。她的每个作品，都充溢着真挚和清新的诗情画意，富有浓郁的民族风韵美感，这种诗情画意来自她对黎族人民生活的无限热爱，来自她对黎族审美理想和审美情趣的追求。因为她有着对生活真谛的发现，有着对美的灵魂、美的意境的理解。所以，她的舞蹈中的诗情画意，不是对花鸟、虫鱼、山水等自然景物的模拟与浮泛的眷恋之情，而是蕴含于对黎族人民的风土人情的真情实感，即对于孕育在生活事物本身的某种思想、感情、哲理的认识与把握。为此，陈翘才能从自发的感性喜爱升华到自觉的理性挚爱的境地，使作品从表层模拟的再现中，渐进到深层发掘的表现层面。我认为，舞蹈品位的高低与舞蹈艺术风格的形成，尽在这种真正的深层的诗情画意的舞韵之中。

一、真美出平凡，舞韵蕴深情

陈翘的舞蹈，在选择题材、确定主题、结构情节等方面，善于发现平凡的人、平凡的事物所具有的审美内涵和审美价值，进而引发出民族精神特质的美感：民俗风情的意境美，生产劳动的矫健美，诚挚爱情的纯真美。

在社会生活里，充满了未曾被发现的东西。有作为的艺术家，在自己所熟悉的生活领域里，总是有新的发现，所以，陈翘在深入生活与创作的实践中，感悟到舞蹈创作的真谛。她深知舞蹈是反映与表现生活的，要想使舞蹈创作达到理想的境界，首先必须到火热的生活中去观察、体验、研究和分析一切民俗习性与民族特征。她艰苦地经历了这个由此及彼、由表及里、从粗取精、去伪存真的不断体验和深化的过程，并积累了丰富的生活经验与创作的素材，达到了"郊祀必洞于礼，田谷先晓于农"的境界。由于她掌握了这个现实主义的创作方法，所以，在进入选择与处理题材，进行舞蹈结构时就能达到驾驭自如的境界。另外，陈翘在深入生活的过程中，认识与把握了黎族人民勤劳、朴实、豪放勇敢和能歌善舞的性格特征。为此，她善于把黎族民间舞蹈、社会风貌、劳动形态与工具操作的动律、服饰风采和音乐节奏韵律等，精巧地融化到舞蹈创作之中。她能从司空见惯的平凡生活中，描绘出美来，经过她的精心提炼、加工和推陈创新、从而构架起黎族舞蹈艺术体系。如《三月三》取材于海南东方县美孚黎传统的赛歌节，采撷了黎族特有的寻偶求情的风俗部分。舞蹈通过上路、相遇、寻伴、赠礼、欢情等舞段，生动地反映了青年男女、相互倾诉情怀、互赠爱情信物、尽情欢舞的情景，洗练地表现了他们淳朴、憨厚、含蓄的性格，以及对美好生活的向往与追求。舞中女青年手中拿着一片凤凰树叶遮掩脸，有意回避小伙子寻看的舞段，就是受"三月三"恋情生活中女青年有意用树枝或草笠等遮掩自己害羞心态的启示而创编的。由此，陈翘凝练地构架了一幅幅诗情画意的舞蹈场景：一片树叶遮掩着含蓄秀美的脸庞，内心充满着炽热的恋情；一条精美的花带，把男女恋人火热的心紧紧地连在一起；一把阳伞撑开了爱情的天地，恋人们抒发着妩媚绚丽的柔情。这不仅描绘了黎族生活的风情之美，而且从平凡的美中追踪着更高层次的美，揭示了生活底蕴的真谛美、自然山川的诗意美、黎族风尚的质朴美和黎族人民性格的憨厚美。

二、想象丰富，舞汇精巧

我们知道，艺术是靠想象存在的，想象的本质是形象思维对世界的情感体验和概括反映，为此，舞蹈创作始终离不开想象和形象。舞蹈家一旦进入创作构思的氛围，就仿佛设身处地地生活在观念的形象之中，脑子里充满着丰富的想象。这些想象与形象开始可能并不十分完整或清晰，但是它们却足以触动人的心弦，成为创作最初孕育的萌芽。陈翘听到黎族姑娘问她："为什么你们不跳我们黎族的舞蹈呢？"之后，她深入黎、苗山寨体验生活，学习他们的歌舞，孕育反映他们生活的舞蹈的创作冲动。当她亲自参加观看了"三月三"活动，觉得赛歌节颇具黎族风情时，就不可遏制地着手去创作舞蹈《三月三》。当她看到黎族姑娘身穿着艳丽的短筒裙，头上戴着漂亮的草笠，婀娜多姿地在摇曳的椰子树下互相睨视、脸上充满着欣喜与爱美之心时，她按捺不住而精心提炼出《草笠舞》挺胸、提胯、蹬脚的主题动作与侧身三道弯的舞姿形态。而她看到黎族同胞挑着优质的七尖稻，在槟榔林中穿梭前进时，她再次浮想联翩，欣然构架了遐迩闻名的舞蹈《喜送粮》。不论是第一代黎族割胶女工的诞生，还是第一批女潜水员下海采集麒麟菜的壮举，这些形象一经闯入她的心灵，丰富的想象即变成形象和感情的思维，并按着陈翘自己所特有的生活逻辑行动着，以至于最终构成了一个个完整的黎族舞蹈形象体系。

人们常议论：陈翘提炼的舞蹈主题动作很"怪异"，不是左右顺拐摆动，就是向前蹬脚踹动，乍看感到不顺和，可往后再看下去，就越看越觉得顺和有味，越发觉得有一种独特的风韵美感。我认为，舞蹈编导的本领，就是要在人们习以为常的动作中，提炼出生动精巧与丰富多彩的舞蹈语汇，给人以奇峰突起与质朴清新之美的享受。由于陈翘长期生活在黎族地区，非常熟悉和了解黎族人民的性格特征与审美趣味，并掌握了黎族民间舞蹈动律的基本特征：身躯平衡稳直，两脚踩步或小跃步前进或退后，两膝时弯对立，双手向左右腰侧前后摆动等。为此，她独辟蹊径，运用打破常规、突出意外、意象变形、精巧夸张的艺术手法，去获得意外强烈的艺术效应，如舞蹈《三月三》主题动作的提炼。原本"三月三"是没有舞蹈场面，而美孚黎舞蹈素材也不多，作者根据黎族的生活风俗与舞蹈情节的需要，选择了他们一些跳鬼、跳娘等宗教祭祀舞蹈中的动作，经过精心提炼、加工和发展而成：两肩左右顺拐微微摆动的慢板与快板动律。观众看了既感到与舞蹈意境和人物心态很贴切，又觉得舞蹈非常清新别致。而《草笠舞》挺胸、提胯、蹬脚的舞姿动律，是在黎族姑娘站立的原型生活形态的基础上，发展创编而成，它与黎族姑娘轻快、热情、秀美的特性非常吻合，人们看了犹如痛饮清甜的甘露。另外，《摸螺》带点顺拐向前挥手摆动的舞姿形态和木屐舞段，作者是根据黎族少女的生活步态习性，下河摸螺提蟹以及玩木屐游戏的生活提炼而成的，她构架的主题动律是：头部的摇动，手臂的摆动，步伐的跳动和眼睛的流动，把黎族少女的心态性格描绘得神妙入微，并使其富有童真稚趣的风韵美感。这些不合常规、别具一格的动作、舞步和形态与丰富多彩的情节有机地融结一起，使每个舞蹈既出乎于自然生活，又尽在特定情境之中；既富有鲜明生动的黎族舞蹈特性，又具有黎族姑娘三道弯形态的风韵美感；既突出了黎族的精神特质，又深化了舞蹈的思想主题。这种抓住人物、生活、劳动、习俗中的瞬间动静与闪光的神态，进行艺术性的加工、提炼、发展与创新，是陈翘同志运用现实主义创作方法，取得丰硕成果的重要的艺术实践，也是她质朴清新、秀美自然舞蹈风格形成的撒手锏。

三、细节新颖，锦上添花

行家常说，新颖细节的生活意义是最丰富的，它最能显示人物性格个性化的实质，是和艺术形象密切不可分的。我同意这个观点，陈翘舞蹈创作成功的关键因素之一，是善于选择具有特性的新颖细节，通过细节突出表现人物的生活、思想、心态以及人物所处的环境，使之成为个性化和典型的艺术形象。

陈翘创编的舞蹈，是黎族生活中的朵朵山花，观赏她的舞蹈，使人感到有如一股徐徐清风，带着五指山黎寨苗岭特有的馨香气息，沁人心脾；又如万泉河水，泛起澄明晶莹的浪花，湍湍而流，行于所当行，止于所不可不止。她既不去赶时髦，也不去追新潮，从不去搜寻离奇怪诞的情节和惊险撼人的场面。她只求在民族生活的基础上，精心提炼和构架黎族人民丰富的生活细节与审美情趣，塑造绚丽多彩的美感形象，达到动人情怀于久远的理想境界。我认为，在舞蹈中精心设计与构架新颖的生活细节与审美情趣，对揭示人物的精神与心理特质，以及舞蹈的民族特征，均起着锦上添花的重要作用。而且，对加强情节的生动性与生活气息，以及突出作品的思想主题，均可获得"画龙点睛"的艺术效应。如舞蹈《摸螺》之所以成功，主要是作者不拘泥于事件的罗列，而是以人物为主体，把典型的特定环境和丰富新颖的细节，做了精巧的设计与安排，从而洗练地反映了黎族儿童的心理动态，塑造了独具生活情趣的美感形象。整个舞蹈通过踏屐过桥、欢声戏水、潜心摸螺、臭螺熏鼻、蟹夹脚趾、敲屐惊蟹、桥上小憩、满载而归等舞段，概括地表现了黎族儿童童真稚趣的生活情境和团结友爱的美好品质。上述舞段，每段都包含着一个细节的描绘，其中既有特定场景的描绘，也有人物性格神态的刻画，这一系列细节，犹如一串美丽的珍珠熠熠生辉。尤其踏屐过桥、蟹夹脚趾和桥上小憩几个细节，最富有审美特色。如"踏屐过桥"出场时，帷幕拉开，一群黎家阿妹穿着世代流传的方木屐，踏着轻快的音乐节奏，口里喊着"快快去呀！快快去！我们一起去摸螺！"，婀娜多姿地舞着走上竹桥。作者用迅疾推拉的手法，把黎家阿妹的生活特色与天真活泼的性格特征，生动鲜明地展现出来。又如"蟹夹脚趾"的细节，正当姑娘们摸螺兴致正浓，一个小阿妹突然被水中的螃蟹咬住脚趾，作者用突出意外的手法，洗练地描绘了小阿妹情绪紧张，想甩脱螃蟹钳夹的窘态与儿童的生活情趣。既增加了舞蹈的表现色彩，又活跃了舞台表演的气氛，使观众被这突如其来的细节而兴奋不已。另外，在"桥上小憩"中，经过愉快的劳动，姑娘们捧着丰收满载的竹篓，一字排坐在竹桥上，丰腴的双脚拍打着晶莹的清泉，脸上充满着丰收的喜悦，心里仿佛在说"请到黎家山寨来，喷香的田螺好招待"。其浓郁的生活情趣，生动的美感形象，向人们展示了一幅色彩斑斓、和谐自然、生动活泼，具有民族特色的黎族儿童群像图，给人以丰富隽永的美感享受。艺术中的细节，不是随心所欲臆想的产物，它是对现实生活素材进行精心选择与提炼的结果。如《三月三》小伙子找错情人的细节，是从"三月三"婚恋生活中，精选提炼而构架的，既表现了小伙子急切热恋的内心世界和毛躁鲁莽的性格，又增加了舞蹈表现的情趣。《村边的故事》姑娘们用泉水浇淋轻浮男青年的细节，作者用讽刺的手法，既批判了男青年朝三暮四的轻浮思想，又表达了姑娘们希望他改正错误的和善意愿。上述舞蹈的细节不但符合舞蹈表现的特点，而且细腻地描绘了舞蹈的情境，人物的心灵、情绪和关系，既刻画了人物的思想与性格，又丰富和深化了舞蹈的主题，这是陈翘同志长期积累、偶尔得之的创作秘诀。

四、技法娴熟，舞姿绚丽

中国成语说："根深蒂固，叶茂常青。"从某种意义说，艺术创作的规律与植物生长的规律是有某些相似之处的。要想使创作获得成功，既要有深厚的生活基础，又要具有娴熟的创作技巧，它们相辅相成，互为因果，对保证作品的艺术质量起着重要的作用。

陈翘创编的舞蹈，之所以有不同凡响的艺术个性，其主要原因是她生活根子深，素材积累得丰厚，在学习与实践中，练就了一身过硬的编舞技法和舞台驾驭能力。她不但想象丰富，善于用形象思维的方法选择题材，构架多种的舞蹈结构；而且，能娴熟地运用多种创作技法，采撷绚丽多彩的色调，提炼、加工和创造出丰富的舞蹈意境和最富有表现力的舞蹈语汇。她使作品既有诗情画意的特定情境，又使舞蹈形象格外鲜明生动，具有独特的风韵美感。她的作品富于变化，技法宽广，怀抱深厚，具有纵向继承与横向借鉴的艺术风范，在多样统一的艺术特色中，构成了舞蹈质朴清新，秀美自然的艺术风格。如为了充分表现《三月三》含蓄、深情、率直、明快的感情氛围，她运用了连续反复和间隔反复的手法，让主题动作，在舞中交替出现几次。这种逐步的、跳动的反复技法，不但加深了观众对舞蹈动律的印象，而且，使作品的主题在一个有机的主题动律中，层次分明地推上高潮。而在《草笠舞》明快、秀美风韵的展现中，作者主要充分运用了舞蹈动作动与静的对比规律。如舞蹈开始是八个黎族姑娘手执草笠，在轻快的音乐旋律中，从台右前走平行舞蹈移动线，做挺胸、提胯、蹬脚主题动作上场，这段舞激发了明快矫健的风韵美感。当姑娘们把草笠放在地上，做着弯肘、伸臂、互相整理鬓发与衣裙的柔板舞段时，作品既展现了轻柔自然侧身三道弯的风韵美感，又使画面显得纤细、精美及生动活泼。这种动与静对比的艺术处理，使舞蹈获得了突出的艺术效应。《摸螺》所展现的是稚趣童真、淳朴清新的美感，除了新颖细节布局的效应外，其在动作、构图和音乐方面也配合得非常好，我以为，作者运用了多种舞蹈技法，丰富了舞蹈的表现色彩。如《摸螺》出场的动作就很新颖别致，它主要表现在动律的变异与摆动的风雅情调上。而《摸螺》舞段则显得风趣细致，它在模拟劳动的基础上进行了提炼与加工，并做了装饰性的艺术夸张。如姑娘们一起做着整齐划一的摸螺动作，突然一个阿妹做嗅臭螺的动作。这种突破整齐划一、突现即逝的手法，给观众以一种突然兴奋的感觉，使其回味无穷。另外，木屐舞与桥上小憩甩脚打水的舞姿形态，展现了清新雅致的风韵，前者以轻快跳跃的节奏，引发质朴、清新的美感；后者用增加高度与扩大造型空间的艺术手法，从而拓展了舞蹈动作的幅度与舞姿形态的美感以及加深了观众的审美印象，使舞蹈结构的层次、人物形象的风韵美感，达到完美理想的境界。《喜送粮》通过演员手执红绸意象变形的手法，牵引构架了担谷、风谷、入麻袋、汽车满载等场景，渲染了劳动丰收、热烈欢快的氛围，使舞蹈充满火红、炽热的情调。《胶园晨曲》灯光明暗的对比与队形构图的变化，意在表现青年胶工从凌晨割胶到天明的劳动生活和革命豪情。《踩波曲》则充分运用了舞蹈形象色彩的对比和舞蹈流动的效应。如潜水姑娘橙红色上衫与湛蓝色的海水，拟人化的白珊瑚和翡翠绿的麒麟菜形成鲜明的对比，构成了五彩缤纷的海底世界。由于舞台以女潜水员橙红衫为主色，通过女潜水员舞蹈的流动，构架了劈波斩浪、穿礁入渊、探海索宝的独特意境，在多色素的对比中，由于突出了橙红色为主调的女潜水员的形象，使整个舞蹈层次鲜明，构图画面富有立体质感，从而获得了和谐统一的艺术效应。

综合而言，陈翘舞蹈艺术风格的形成，从整体看是她思想修养、艺术特质、思维方式、艺术处理的独创精神高度成熟的表现。从局部看，其舞蹈作品的题材，都是选自黎族人民生活中的片断与侧面，但她能以生活速写的手法，把黎族人民的生活形态与民间舞蹈动作融合在一起，而且对宗教祭祀舞蹈，作了去芜存菁的改造和发展，使艺术真实比生活真实更洗练、更概括、更集中和更典型。从陈翘的艺术实践说明，一个舞蹈编导家在创作中，若要独树一帜地建立起个人的艺术风格，首先，他必须努力学习，掌握好历史唯物主义和辩证唯物主义的基本方法；研究舞蹈艺术发展的历史、现状和现代发展的趋向，根据自身的生活积累和艺术上的特长，独辟蹊径，反复实践方能成器。其次，必须扎根于生活，用形象思维的方法去观察生活，研究生活的主人，发现事物的内涵，采撷新的主题，构思新的结构，觅寻新的表现方法，塑造新的典型形象。

刘勰说："吐纳英华，莫非本性。"其意是指，美妙的描绘，没有不是作者性情的体现。由此可见，时代、民族、社会与学派能直接影响个人艺术风格的形成与发展，但是，个人艺术风格的丰富与成熟，又能促进民族风格的完善和发展。

只有与人民群众的思想感情打成一片，才能真正获得生活的养料，掌握一个民族的生态与心理特性方面的规律，把简单的朴素的劳动生活、风俗情趣和动作韵律，提炼、加工、发展、创新为丰富多彩的舞蹈艺术。所以，我认为，舞蹈风格与作者的艺术个性，是相辅相成、互为因果、相得益彰、和谐统一的艺术特色的汇总体现。

总之，具有鲜明艺术风格的作品，才能展现不同凡响的艺术特色，产生巨大的艺术魅力。它标志着一个编导家在艺术修养、编导技巧、创作个性的日臻成熟，并真正成为一个名副其实的艺术家。

我们期待舞蹈界更多的有志之士，在创作中敢于独出心裁、独树一帜、独占鳌头，为舞苑盛开姹紫嫣红的艺术鲜花做出更大的贡献。

道路 · 境界 · 品格

重 华

我与陈翘、刘选亮伉俪进行了近两年的创作海南黎族神话舞剧《龙子情》愉快而有意义的合作。至今令人难忘,我从中获益匪浅。

1985年,文化部、国家民委、中国舞协联合在内蒙古呼和浩特召开民族舞蹈艺术研讨会。吴晓邦老师亲自出席,自始至终主持会议。其间吴老师昏倒在澡盆,头被撞破,包扎好后第二天又出现在主席台上,全体代表热烈鼓掌十多分钟。会议是在十分激动、热烈的气氛中进行的。会上,陈翘作了大会发言,谈到广东民族歌舞团为了建成民族歌舞艺术的基地,三年多来一直和钢筋、水泥、砖瓦打交道,现已基本完成。业务上荒疏了,恳切地希望全国从事民族舞蹈艺术的同行们,到广州来,到这块基地来,共同促进我国民族舞蹈艺术的繁荣。她的粤式普通话听起来令我吃力,但从她的言词神情中透露的诚恳深深打动了我。有人将民族舞蹈素材当成"调味的味精",也有人把创作民族舞蹈当成获取名利的阶梯。我自认为我是真诚地和民族兄弟打成一片、尽心尽力搞好民族舞蹈的。但我仍然是停留在以搞好某个作品为目标的阶段。而陈翘和他们的团却是在脚踏实地地开垦出一方繁荣民族舞蹈艺术的基地。境界高一层,实令人崇敬。会上我谈了创作编导藏族神话舞剧《卓瓦桑姆》的情况。在晚上的舞会上,陈翘告诉我《卓瓦桑姆》在广州演出九场她看了七场,十分喜欢。随后,我们相约一起搞海南黎族的舞剧。我自知对南方十分陌生,只当成一种礼仪性的邀请。哪知返回四川后,我真的收到了陈翘寄来的《黎族风情》《黎族民间故事》等许多宝贵的资料,其中还有县级文化馆油印的第一手材料。收到这些资料时，我正在三岔湖为农村文化站干部办培训班。为了回报陈翘如此诚恳的态度，我十分认真地研究黎族的文化。其中海南民研所王国全同志的论著十分周全、精辟。王国全同志后来成为《龙子情》的首席民族顾问。经过三个月的酝酿，我寄出了将"龙子的传说""文身的故事"编在一起的第一稿台本。解放初期我从全国首届文艺调演学习《三月三》时就知道陈翘的名字，之后，不断看到她创编出不少在全国及国际获奖的节目，知道30多年来她坚定顽强地走着民族艺术的道路。从与她合作《龙子情》开始，我才真正对她在这条道路上奋斗的辛苦和艰难有些切身的感受。

谈陈翘，自然要谈到刘选亮。陈翘事业上的成功，包含着刘选亮的全部心血。我到厦门出公差，绕道广州研究台本，第一次见着刘选亮同志。相同的命运使我们一见如故。我们都出身不好，划在"另册"。"文化大革命"中我主动为前方战士献血，被叫出队伍："你牛鬼蛇神的血是黑的。"刘选亮搞创作，不准去部队体验生活，由别人把收集到的材料交给他，然后由他编舞。我们出身虽不好，但都有一颗赤诚的心。在我们共同研究结构、手法、风格、人物、冲突等时，好比五粮液熬酒，分不出那香是哪一种粮食发出的。我曾多次与别人合作，都不如这一次愉快和融洽。陈翘经常拿着一把"大刀"砍来砍去，拿着一把高标准的尺子量来量去。刘选亮始终那么沉稳、镇静，而每次都是他把船撑出了峡谷。现在《龙子情》的精彩感人之处，绝大多数出自刘选亮的点子。我通过两年的接触，发现刘选亮的创作才华被行政事务磨去了许多，不然他的作品也会像陈翘那样光彩照人。我们争，我们闹，但始终相互坦诚相见。已经说不清楚我们讨论研究过多少次。总之，一部舞剧的精髓之处是创作者的心灵，雨果说是"作者生命的全部"。无论《龙子情》的效果如何，它都是我们三人心灵全部投入的结果。

我们这一代舞蹈编导对深入生活是十分重视的。我曾七次到藏区及拉萨，五次到大小凉山彝区，以及羌寨、傈僳村等，交了许多兄弟民族好友。但当我到了海南岛通什、乐东等地，我明白了，陈翘就是黎族同胞中的一分子。我所见到的各式各样的人，都能讲出陈翘和他们一起度过的春夏秋冬。一般作者深入生活，是从生活中索取，而陈翘是为黎族做奉献。陈翘为黎寨的贫穷而痛哭；陈翘把黎族"三月三"传统节日活动搬上舞台，使这一民俗活动广为人知，更增加其知名度；陈翘为黎家山寨的村民培养骨干到海外演出；等等。黎族同胞把陈翘当成自己的黎家好阿妹。有一次，在抱由镇，镇长请我和一老年神巫喝酒。酒后神巫对我说："你是陈翘介绍来的，我才告诉你，在《黎族风情》书中，已将陈翘在海南的舞蹈生涯列为发展黎族文化的一部分。"

建立一方基地，带领一个剧团，特别是在商品经济较活跃的广州，真难。内地的剧团练功室已是人去楼空，业务活动很难开展。省级剧团演出一场才卖出七八十张票。而在广东民族歌舞团，天天基训人员到齐，病号也来看课，下课还不愿离去。每个星期六下午全团还大扫除。我曾跟着他们到佛山去参加了两场演出。据说佛山无论是演轻歌曼舞还是金曲劲舞都卖不满座的，而陈翘、刘选亮在那里坚持演民族歌舞，而且是在有4000个座位的体育馆里演出，我的确捏了一把汗。两场全满，中间没有"抽签"，最后的打柴舞观众和着节奏拍手，的确是"质量第一"。演完后，全体演职员收拾道具，打扫后台。回到驻地，业务骨干连夜开会总结。许多专业剧团已经像泄了气的皮球，拍不动、弹不起，为什么这个团还蹦跳得那样欢？俗话说：有钱能使鬼推磨。为了钱，文艺界不文不艺的鬼事不少。而广东民族歌舞团恰好是一群人，不是鬼。也来过鬼，这些人到广州是为了赚钱，但来了没多久，待不下去，逃跑了。这主要是因为这个团有两位真正称得上带头的带头人。广州生活费高，刘选亮、陈翘带头在饭堂吃饭，促使伙食办好，免去同志们后顾之忧。过端阳节，我亲眼看到老同志们有说有笑帮厨包粽子，像当年部队文工团吃"解放菜"一样。刘选亮家改厕所，自己当小工，利用中午时间一桶一桶倒渣子。从最小的事严格要求自己，才能对大家提出要求，这个道理太简单了，但我们不少单位的领导却做不到。因为有些当领导的是利用职务为自己捞好处、占便宜，这怎能把大伙凝聚在一起呢！上行下效，领导带坏了头，下面会撕成一条裂口，皮球也就破了。领导的品格，决定着集体的兴衰。现在广东民族歌舞团改成了南方歌舞团，服务面更大了，任务更加重了。我相信这个团40年来所形成的优良作风是不会变的，我相信"两个大傻瓜领着一批小傻瓜"会把这个团办得更好。

1990年

陈翘的行走

——陈翘从艺60周年感思

于 平

行走，在当下是一种时尚：作家不再"坐家"而是向读者洞开自己"行走"的世界，世世辈辈在土里刨食的乡里乡亲乘飞机"行走"外出旅游，那些想体验超常人生的"独行侠"去珠峰攀登、去密林露营、去大漠跋涉、去长江漂流……但对于舞蹈家陈翘来说，"行走"是她一生的信念，是她永世的追求、永世的夙愿！

陈翘的行走，从《三月三》《草笠舞》《喜送粮》到《摸螺》，走出了民族民间舞的勃勃生机。

1950年1月1日，刚跨入人生第12个年头的陈翘就开始了她职业的"行走"——她成了汕头文工团的一名团员，成了一名革命的文艺工作者。起初，她是学着拉琴、学着为潮州方言的歌剧伴奏，但仅仅过了两年，她就边演潮剧的青衣边为剧目编起舞来。1953年7月1日，陈翘进入刚刚成立的海南民族歌舞团，由此开始了她一生"舞蹈的行走"。

海南对于陈翘来说是一个机缘，而陈翘对于海南来说，却绝对是一个奇迹。当若干年后，有人因为她对发掘、编创黎族舞蹈的贡献而称她为"黎族舞蹈之母"时，她会真诚地说那些勤劳智慧的黎族人民才是我的"舞蹈生涯之母"。她的处女作和成名作《三月三》问世之时，她当时只有18岁；当次年该作品引起舞蹈界惊羡并被追问成功的奥妙之时，陈翘只会坦陈"《三月三》来自生活，我只是再现了生活的美"。

此后，陈翘不断地行走，佳作也就接踵而来。1960年有了《草笠舞》，1971年有了《喜送粮》，1980年有了《摸螺》。尽管陈翘的创作远比这要多得多，但《三月三》和上述三部作品称得上是新中国民族民间舞创作在各自所属时期的时代标高。我很同意资华筠先生对陈翘作品的评价。她说："《三月三》到《摸螺》，陈翘完成了两种质的飞跃：第一是将黎族自然传衍的舞蹈升华为具有社会主义时代属性的舞台艺术品，第二是通过自己的一系列作品对黎族舞蹈语汇系统的构建。"这是陈翘长期地、不断地"行走"而实现的飞跃，她的"飞跃"是建立在扎实"行走"基础上的。

陈翘的行走，在戴爱莲和杨丽萍之间，这是一段应当铭记但容易被当代人遗忘的历史。

五四新文化运动以来，中国的文化人在"启蒙"和"救亡"的双重担当中前行。以这一时期中国新舞蹈的一代宗师来说，有"中国现代舞蹈之父"之称的吴晓邦，强调反封建的舞蹈"启蒙"；而更关注反殖民的舞蹈"救亡"的戴爱莲，被称为现代以来以文化人类学眼光重建民族舞蹈自尊的第一人。戴爱莲1946年3月在重庆首演了"边疆音乐舞蹈大会"，这其实也是戴爱莲赴边疆少数民族地区"行走"采风的收获，在中华民族和民族文化面临危难之际，戴爱莲的"行走"暗合了先贤"礼失求诸野，乐失亦求诸野"的主张。

半个多世纪之后，在"野"求"乐"的道路上行走着杨丽萍。从《云南映象》到《云南的响声》，无论是"原生态"还是"衍生态"，都是杨丽萍作为"民族民间舞蹈朝圣者"的一种策略。多年来，杨丽萍一直行走在"彩云之南"的乡间、林间、山间、云间，她通过自己的行走来回答自己的发问。她的行走，对于全球化进程中的民族文化保护与传承，无疑是很有意义的。但她或许不知道，从戴爱莲先生到她的半个世纪间，还执著地行走着我们可敬可爱的老大姐陈翘。陈翘与她那一代人为焕发出民族民间舞蹈勃勃生机的行走，是一段不应被我们遗忘的历史。

陈翘的行走，在匆忙间使她忽略了许多人生的风景，但她执著的行走却成了我们舞坛靓丽的风景。

我很喜欢管琼写的《陈翘传》。除了文笔清新、用语亲切之外，我觉得它的最可贵之处是写人"传神"。比如写到陈翘应同伴之约去传递对刘选亮的爱慕之情时，刘选亮出人意料地对陈翘表白爱的是陈翘本人……《陈翘传》写道："'不可能'。陈翘脱口而出，态度语气变化之大令她自己都吃惊，前一秒钟还脸红心跳，现在却全盘推翻，彻底拒绝，冰冷无悔。这一次陈翘的头昂得高高的，心里是一种痛快的狠劲，终于知道了这个人内心的真实想法，自己还是极具魅力的……知道了，一切就变成另外一回事。"

《陈翘传》中另一处让我钦佩的传神之笔，是陈翘肺部感染绿脓杆菌"死去活来"后的感受。管琼写道："当轮椅车将陈翘带到二沙岛，当空的明月成了陈翘一生中见过的最圆最亮的月亮……她还从来没有如此依恋过一阵清风一轮明月。她曾经是一个浪漫的人，几十年的风雨人生，早已将一份情怀荡涤干净了。二十年来，深陷于行政事务，纠缠在现实的人际网中，在内心深处对于生命温柔的渴望此时越发地强烈起来……从来都是永不退缩的陈翘，并不认为自己的能力有多大，但也从没有怀疑过自己。现在她的想法有所改变，真的开始改变——比如不再执著，而是放下。"

台湾舞蹈学者刘凤学十分看重陈翘几十年间执著于黎族舞蹈的行走。她说："对我个人来说，为了避免传统舞蹈美好的一面在今日社会里变成孤立的个体，所以我想将其转化整合为我理想的中国现代舞之形式及精神。这一直是我心甘情愿的负载。"其实在这一点上，陈翘正与她相类。我总在想，一辈子执著于"黎族舞蹈"中行走的陈翘，肯定不得不忽略甚至是不得不放弃许多"人生的风景"。但这样使得她"执著行走"的人生，成了我们舞坛，特别是我们民族民间舞蹈发展长河中靓丽的风景。

陈翘的行走，体现出一种真正意义上的"文化自觉"。她足以让我们的文化人躬身反思还有多少"自觉"。

我们追踪陈翘"行走"的历程，总能在"蚂蟥蜈蚣都不惧，东风西风都无关"的表象之下，看到一种真正意义上的"文化自觉"，看到她在多年采风生涯中对黎族舞蹈文化的"自知之明"。

你看她在《三月三》中，把巫公跳神的动作加大跨度，左手左脚顺边抬起之时重心左右移动，于是有了潇洒帅气的黎族男青年的形象；

再看她在《草笠舞》中，让黎族姑娘横列一排斜身出胯，在延续顺拐动律的同时强化挺胸、提胯、蹬脚的主题动作；至于《喜送粮》，她更是因为情绪变化的需要，将缅甸舞和苏联的民间踢踏点化在黎族舞蹈的动律之中；而在《摸螺》中，她完全不用考虑黎族舞蹈本身的风格韵律问题，在人物形象塑造中自然而然流淌出的语汇，也自然而然地体现出黎族舞蹈文化的"原汁原味"。正是在陈翘深入黎族人民的生活中，在她执著地、不懈怠的行走中，黎族舞蹈"取得决定适应新环境、新时代文化选择的自主地位"。

我们应当像陈翘那样，不仅具有对民间舞动态风格的把握、分析和传授能力，而且必须熟悉那一动态风格赖以形成并存在的文化理由，必须熟悉其整体呈现时的基因密码。陈翘的行走是体现出"文化自觉"的行走，也可以说是在行走中体悟到的"文化自觉"。那么，为了加强我们文化转型的自主能力，为了适应新环境、新时代自主选择的"文化自觉"，让我们与陈翘同行！

2010年

▎ "黎族舞蹈之母" 陈翘：救我的作品比自己的性命更重要

被誉为"黎族舞蹈之母"的广东省著名舞蹈家、中国舞蹈家协会原副主席、广东省舞蹈家协会原主席陈翘，日前在京喜获我国舞蹈界最高荣誉——第九届中国舞蹈"荷花奖"中国舞蹈艺术"终身成就奖"。据悉，在本届"终身成就奖"六位获奖者当中，陈翘不仅是最年轻的一位，而且也是唯一来自北京之外的地方舞蹈家代表。

从20世纪50年代中期开始，从事舞蹈编导工作的陈翘推出了《三月三》《草笠舞》《摸螺》《喜送粮》等一系列家喻户晓的经典舞蹈作品，这些作品凭借浓郁、鲜活而地道的生活气息与少数民族特色，不仅轰动国内，更是将黎族风情舞蹈推向世界。不仅如此，自15岁从潮汕文工团调入海南民族歌舞团（即南方歌舞团前身）以来，陈翘60年风雨不改、坚守艺术岗位，至今仍担任南方歌舞团艺术指导。近年来，她凭着顽强的毅力，战胜了癌症，还打造了《潮汕赋》等优秀作品，继续活跃在广东舞蹈界最前沿，艺术活力历久弥新。

前日，从首都载誉归来的陈翘在家中接受了《南方日报》记者专访，畅谈了此番获奖台前幕后的故事，以及对广东舞蹈界创作和表演前景的殷切期望。陈翘热情洋溢地表示，对她来说，"终身成就奖"绝对不是句号，自己将一如既往、无怨无悔地沿着艺术之路继续走下去。采访当天，恰逢陈翘和刘选亮这对舞坛伉俪结婚纪念日，陈翘还大方与读者分享了她的生活心得。

获奖：不愿"被终身"，要继续追梦

南方日报：2010年，您获得广东省首届文艺终身成就奖，这次又获得"荷花奖""终身成就奖"，对您个人来说，这个奖具有什么样的特别意义？

陈翘：应该说，拿到这个奖还是很不容易的。"终身成就奖"有一系列的要求，比如年满75岁以上，从事舞蹈事业要超过50年，代表作品要在全国产生广泛影响力等等。这次在一起获奖的人当中，有的已经90多岁了，都不能到现场来亲自领奖，我刚过75岁，是最年轻的一位！

我在颁奖典礼上说，我其实不太愿意被"终身"，因为一听"终身成就奖"，好像给人一种印象，我的艺术就到头了，该画句号了。我说不！我选择了舞蹈事业，无怨无悔，永远不会画句号！就在今年春节过后，我还带队去河源采访、组织创作，紧接着又飞到杭州参加世界舞蹈总会（WDC）中国理事会的成立大会，当选为荣誉主席。我是个闲不住的人，我还是会一如往常，继续完善自己的艺术，追求舞蹈的梦想。

南方日报：能否透露您眼下的创作计划？

陈翘：我正在筹备一台为河源量身定做的旅游作品，这也是我从艺这么多年来，首次涉猎这一领域的策划和创作。这么多年来，我一直都有一个心愿，就是能将广府、客家、潮汕三地的风土人情搬上舞台。想当初，我在海南一待就是30年，吃尽了苦头，我时常说我的身体里有一半流着黎族的血液，是海南这片土地还有淳朴的黎族人民哺育培养了我；但我本身又是一个潮汕人，我希望能通过自己的努力，把广东本土民族民间舞蹈的精髓和神韵传承下去，为弘扬岭南文化多做点事。

传承：舞蹈是活的，靠人演留传

南方日报：听说您曾经有计划将过去自己的作品进行系统性的整理

和回顾，这项工作进展如何？

陈翘：哎！我专门为此提出过意见，呼吁抢救工作能尽快立项、启动，可等了一年，还没有动静。红线女一走，很多人都很关心我的身体，但在我眼里，抢救我的作品比自己的性命更重要！像《喜送粮》那样流传较广的作品，有当时的录像可以保存，但是，我的有些作品如今只剩下了一个名字，连我自己都记不起来了。舞蹈不比绘画，舞蹈是活的艺术，得靠人去演才能留存啊！我很遗憾广东舞蹈界的前辈梁伦，他就有不少作品失传了，现在不是提倡抢救非物质文化遗产吗？这就是遗产啊！

南方日报：在您看来，具体该怎么去做才能抢救这些濒临失传的作品呢？

陈翘：我希望可以获得一定的经费支持，再回一次海南，把当时参与创作、编排的人员再召集一下，一起集中回忆、还原作品的细节，把作品重新整理出来。这些人有一些已经不在了，或者不能跳了，我就想趁我们还活着，还能动，争取把这些作品抢救过来。海南那边有一家学院已经和我接触过，他们打算成立一个专门研究我的作品的机构，我正在考虑。

南方日报：此前您还曾呼吁过在南方歌舞团建一个民族歌舞剧场，您对此有什么具体设想？

陈翘：这也是我一桩未了的心愿。现在，省一级文艺团体唯独南歌还没有建剧院，至今这块地仍闲置在那里。有一个自己的阵地，一来排练演出都不必再借场地而承受预算的压力，可以保持演出的频率，解决人才生存和待遇问题，以免人才流失；二来也能在广东搭建起一个展示全国各地民族民间艺术的平台。

若闭门造车，就是"伪文化"

南方日报：您有许多作品在创作过程中充满故事，例如《三月三》据说就是您当年躲在灌木丛中偷听黎族情侣对歌获得的灵感，反观当下的民族民间舞蹈创作，您有什么建议？

陈翘：生活是艺术的源泉。当年创作黎族舞蹈系列时，我们是跋山涉水，走遍了海南，专门去寻访那些与世隔绝、没有过多受到汉化影响的村子。我觉得作为一个创作者，首先要对民族传统负责，要在基于其发展、尊重其习俗的基础上，发挥艺术创造力，而不是闭门造车，纯粹用审美、想象力妄加篡改。我觉得这种不注重实际的"再造"行为，属于"伪文化"。

南方日报：最近这两年，随着《舞林争霸》《舞出我人生》等舞蹈电视选秀节目的爆红，也有一部分民族舞新星引起人们的关注，您对这个现象怎么看？

陈翘：我觉得个别演员受到欢迎，主要是他们个人的魅力通过电视这个宣传平台得到了放大。但我最期盼的是，观众通过我们最具特色的民族民间舞蹈，能从内心深处焕发一种自豪感，而不是一听"民族"两个字，就觉得"土里土气"。什么叫文化特色？就是你有，我也有；而我有的，你没有！以中国的条件，搞交响乐团、芭蕾舞团，可以不输给外国的艺术团体，但我们搞一个中国民族民间舞蹈团，外国就搞不了，这就是我们的底气！

结缘《三月三》，刚庆祝金婚

南方日报：您的一生经历了许多起起伏伏，但在周围人眼中，却始终对人生保持乐观、自信、昂扬、事在人为的态度。您是如何保持这种心态的？

陈翘：1950年我参加工作后，因为家庭成分等各种原因，事业屡次受挫。到海南搞创作体验生活时，好几次差点把命都送掉。前些年，我因为肺部感染，生了一次大病，医生曾经三次发出病危通知，我还得过舌癌，舌头被切了一小块。感谢党和政府拨专款把我救了过来。我个性很要强，我觉得人活着就是要有信念，要有志气，要敢于拼搏和创造。

同时，在生活上我又很知足，我现在住的公寓还是在我表哥资助下贷款买的，到现在都没有还完贷款，还是"房奴"！了解我的人都知道，我从来不会为个人名利去争什么、图什么，我永远在为舞蹈、为剧团、为别的有困难的人呼吁和奔走。我的人生态度就是两个字——真诚，人要真实地活着，戴着那么多面具做人，会活得很累。当然因为个性耿直，经常得罪人是难免的。

南方日报：您和刘选亮堪称是一对艺坛的模范伉俪，也是同乡，又都是舞蹈演员兼编导，对于家庭和爱情，您又有什么独特心得呢？

陈翘：我24岁结婚，最近刚刚庆祝了我们的金婚。我们最开始结缘就是因为《三月三》，当时我只有18岁。他是我介绍到团里的，资历比我要浅，一开始我还有点瞧不上他。后来，团里派他来帮我设计《三月三》里面男演员的动作，我发现他在舞蹈设计上很有才华，又经常一起同台演出，所以慢慢产生了好感。结婚时我们把3月3日定为了结婚日，而结婚照用的就是《三月三》的剧照。

除了在事业上相互扶持，生活中我们的人生观也很一致。我不爱计较个人得失，他同样如此。当团长时他总是把升级涨工资的指标让给别人，退休时工资比我低了好多，哈哈……

原载《南方日报》2014年3月5日

第三篇

陈翘作品

一、《三月三》

1. 时间：1956年。

2. 编导：陈翘；合作编舞：刘选亮；作曲：马明；配器：洪流。

3. 舞蹈主题：表现黎族青年男女的美好爱情。

4. 主要演员：沈琦、黎辉信、陈翘。

5. 参加1957年的首届全国专业文艺团体汇演，大获好评。

6. 《三月三》作为表演节目，参加苏联莫斯科第六届世界青年与学生和平友谊联欢节。

7. 出版单行本，被中央新闻电影厂收入影片《南方之舞》，被香港电影厂收入影片《月是故乡明》。

◎ 《三月三》剧照

陈翘口述：处女作《三月三》创作过程

每年农历三月三这一天，是黎族民间的风俗节日。1956年，我第一次下乡就遇到了，那天的情形给我留下了极深的印象。

一大清早，太阳从东边的山坳里跳出来，晨雾渐渐消散开，高高的椰子树格外精神，寨子里的家家户户都传出舂米的声音。小伙子们成群结队地在前一天夜里上山打猎，大家都希望有好运气打到鹿，因为可以制成漂亮的鹿骨针，这是送给情人的爱情信物；年轻姑娘洗头洗澡梳妆描眉，将自己打扮得漂漂亮亮。村寨里很热闹，就像我们过年一样，外地的亲戚也都回来了。家中老人们备好各种食品，等待着孩子和客人的光临。

村里的妇女主任带着我们创作小组的十几个人，来到村外山坡上，她详细地描述了这里即将发生的事情。下午四点多钟，只有几个男青年撑着黑色的大伞走来走去，周围很安静，看不见一个姑娘。我们都有些困倦的时候，妇女主任的神情变得有些异样，她左看看右看看，好像是有什么事情要发生。一不留神，妇女主任就消失不见了。

创作组的十来个人开始急起来，四下乱看，我心里不明白妇女主任为何失踪。突然之间，到处都响起此起彼伏的口哨声，那些男青年纷纷涌向草丛深处，此时的灌木丛好似舞台道具一般，一处处地活动起来。原来，寨子里的女青年，沐浴更衣打扮后，三五成群地事先藏到了树丛中、灌木丛里，耐心地等待着太阳下山，等待着心爱的人前来相会。

转眼间，山坡上东一群西一伙地站满了人，姑娘们用随手抓来的树叶杂草挡着脸，透过树叶缝观察和挑选着自己的心上人，小伙子则不断拨开姑娘脸上的树叶杂草，一阵笑声响起来。一位男青年拨开树叶丛，里面传来咪咪的笑声，闪出一个女孩，两个人四目相对，女孩羞怯地笑，男青年伸手拉着姑娘向山里走去。山坡上的男青年将撑开的雨伞放在路口，以示此地有人。两个身影靠在相距不远的两棵树上，随即就响起了男青年情意绵绵的歌声，呼应他的是女孩细得几乎听不见的"噢噢调"情歌。随着一声声一段段的情歌，两个身影越走越近，最后紧紧贴在一起。

突然我看到一个熟悉的身影，原来是妇女主任。

"主任，你也'三月三'吗？"我赶紧抓住她问。

这时候的妇女主任与白天干练的她完全是两个人，她变成了姑娘堆里等待爱情的女孩。"三月三"是属于黎族所有人的爱情节日，从天黑直到第二天黎明到来，这一个夜晚属于浪漫的有情人，任何有情人都能共同享用。这一夜，西方乡里只留下了老人和孩子。

采风结束，回到团里，两家单位一起召开创作会，大家讨论自己的想法，会议气氛十分热烈。军区的同志先讲完了他们的构思，一边说一边做了几个动作，结果引来一阵笑声。有人说像在抓野猪。

马明点了我的名，他让我说说自己的想法。我站起身，一通连说带比画。军区和歌舞团的人都说想法好，就是男性动作差，太女性化了，男子汉的气概没有表现出来。马明鼓励我将"三月三"创作出来，同时答应为我找一位帮手，加强男性动作。

其实，早在西方村体验生活的时候，我已进入了创作状态，经常半夜三更蹲在地上想动作，有时候会跳起来。一次被老乡看到，他以为我这个宣传队的姑娘发神经了。回到团里后，我每天都是食无味夜无眠，满脑子的动作与舞台调动，所有关于黎族姑娘神情以及"三月三"节日活动的画面不停地闪现在眼前，像放电影一样。特别是黎族女孩倚在门边的眼神腼腆躲闪，嘴角淡淡的笑似有又无，这些画面在眼前挥之不去，我心里想着一定要将它们用到舞蹈里。我整天想这个舞蹈如何表现，可以说是废寝忘食。

没有想到，马明派来的人是刘选亮，这个自己介绍来的男演员。

一见面，我直接问刘选亮："你行吗？"我对他并不满意，也不信任。刘选亮没有正面回答我，因为没有下乡体验生活，不熟悉"三月三"的情况，他让我讲讲当时的情况。我于是一点一滴地仔细讲给他听。刘选亮聚精会神地听着，然后问我的构思是怎样的。我又开始描绘舞蹈设计：天幕上有几棵椰子树，树下有一群女孩，手里拿着帘子一样的凤凰树叶，一边舞蹈一边向外窥探。一群男青年出场，他们争先恐后上前去寻找心仪的女孩。我一边讲一边手舞足蹈，尽管想法还不成熟，但很有激情。刘选亮再问我黎族的巫公是怎样跳的，让我示范。我像个提线木偶，同手同脚，一蹦一跳地学着巫公跳神时的动作。

回去思考后，刘选亮提出意见：第一，台上的女孩子可以一手拿树叶，一手搭肩形成小圆圈，男青年在外围组成一个半圆，轮流往里圈中拨开树叶，寻找女孩；第二，男青年的上台舞步可以借鉴巫公跳神的动作。说完，便大跨度抬起左手和左脚，同时重心左右移动，加上手拿雨伞搭在肩上，一个潇洒阳刚的黎族青年形象出现了。

刘选亮的表现大大出乎我的意料，我感觉这舞一定可以编好，如果说一开始自己还有些犹疑，把握不定，有了刘选亮的修改意见，心中的《三月三》便有谱了。事实证明，刘选亮设计的这一画面成了《三月三》的中心舞段，此后的每次演出，反响极强烈的也是这一找爱人的场面。一连许多天，我把自己关在排练厅，两耳不闻窗外事，一心只想《三月三》。

随着团长马明和配器洪流的曲谱画上最后一个句号，我的处女作顺利完成，《三月三》进入排练。原潮汕文工团的沈琦出演女一号，男一号是黎族男演员黎辉信，女二号我留给了自己。有个性、需要表演的女二号在整个舞蹈中最出彩，她被男青年拉出树丛，害羞地背过脸，心里又希望多看一眼情人，于是，半掩着树叶，将含情的目光送出去，最后被情人拉着手双双离开。她身体忸怩，以示少女的娇、羞、媚。我自己会表演呀，这个女二号就是为我自己设计的。

1957年的首届全国专业文艺团体汇演在北京举行，由省歌舞团和海南民族歌舞团组成的广东省代表团大出风头，海南民族歌舞团被媒体誉为"五指山花朵"。《三月三》是最主要的节目之一，风格新颖，编排生活化，舞台上充满诗情画意。汇演结束，不少专业团体要求来学习。

在北京一同享受着荣誉与自豪的还有团里的演员们，他们被请到各个代表团充任老师，教导他们排练《三月三》。最激动的是节目被选进中南海怀仁堂，为国家领导人演出。国家领导人就是毛主席、周总理、刘少奇副主席、朱德总司令，等等。有一天，我刚刚从天桥剧场出来到中南海去，半路上被手拿相机的记者拦住，要求给我拍照。我火急火燎地说："谢谢，我们要进中南海演出了。"记者一路追随，我便冲着记者的镜头扬起手中的凤凰树叶，问道："这样可以吗？"话音未落，只听"咔嚓"一声快门响，我的照片就上了当期的《民族画报》封面。

有意思的事情发生在汇演结束后，北京舞蹈学院第一批来自苏联的舞蹈专家及部分学员一起开研讨会，这些学员都是来自全国各专业团体的舞蹈编导精英。会上，专家、同行、前辈与舞蹈理论工作者纷纷提问，最多的一个问题就是：《三月三》的结构是如何设计的？其中的舞蹈元素是如何考虑的？我实在听不懂这些陌生的名词——结构、主题、元素，完全听不懂。只能实话实说："《三月三》来自生活，我只是再现了生活中的美。"

随后，我给大家讲述了发生在海南黎寨的爱情之夜，我会表达，讲话也生动，现场的人听得入迷，但那些专家并没有得到满意的回答。我帮不了他们，我只是将心里的感情通过舞蹈展现出来，能够得到大家喜爱，这就足够了。

二、《草笠舞》

1. 时间：1960年。

2. 编导：陈翘；作曲：李超然。

3. 主题：瞧，我们多漂亮啊！

4. 《草笠舞》作为参赛节目，被选中参加芬兰赫尔辛基举行的第八届世界青年与学生和平友谊联欢节演出，并获金质奖章。参加演出的八位舞蹈演员是：陈爱莲、张均、于海燕、莫德格玛、傅新丽、唐景露、小金、朱国琳。

5. 出版单行本。

6. 《草笠舞》被北京电影厂收入影片《彩蝶纷飞》。

7. 绢制的《草笠舞》人物造型被中国艺术团作为珍贵礼品赠送给日本天皇。

8. 1994年，在"中华民族20世纪舞蹈经典"评比中，《草笠舞》获经典作品金像奖。

◎　《草笠舞》绢人

◎　《草笠舞》剧照

陈翘口述：《草笠舞》创作、演出、获奖过程

1960年的一天，我跟随向导翻越鹦哥岭，来到毛栈乡什炳村，住进王家16岁的女儿玉梅的隆闺里。白天走了一天山路，晚上睡下时就开始头痛发热，第二天早上醒来的时候更加头痛欲裂。

当我摇摇晃晃地走出房门，一眼看到的情景让我立即忘了头痛。一片雾气在田野里弥漫，四周围是黛青色的山峦，不远处的坡地上，有几棵椰子树，另一侧是相连的几十株槟榔树。富有山区特点的梯田里，一排排妇女正在弯腰插秧，水田映着天空的白云，每个人的头上是一顶圆圆的草笠。形状大小相似的草笠，远远地看去，只见一排圆点整齐地向前向后或者左移右挪，有人站起身，那个圆点便改变了整体的队形，构成了各种图形。

我眼睛盯着田野里的姑娘们，脑子里浮现出许多草笠的画面：姑娘们在河边嬉戏、梳洗；在狭窄的山道上，小心地摘下帽子贴在身边；田埂上，草笠戴在姑娘们的头上；回到家里，姑娘把草笠轻轻地放在竹架上。平常观察到的生活积累，这时便如涓涓细流汇成了小河、大河，《草笠舞》已经有了灵魂，作品已经诞生了。有时候，舞蹈编导的作用只是苦苦地寻觅、静静地等候，当舞蹈如精灵一样突现时，只需要伺机抓住。

团里的作曲李超然是闷葫芦，平时话不多，我们两人配合很默契。我告诉他，这个节目的主题就是一句话：瞧，我们多漂亮呀！而且动作已经有了，第一个八拍中第八拍的后半拍要停顿，有个亮相。我一边说一边给李超然示范动作。《草笠舞》是我唯一一部先有动作后有音乐的作品。

我一旦进入创作状态，就像是被神灵附了体，茶饭不思，寝食难安，夜里经常翻身坐在床上，嘴里念念有词；有时候突然有了灵感，随即跳下床，不仅手舞足蹈，还会配上脸上的表情。有时，觉得搭配不准，我就不断调整脸部的细微变化，甜蜜、甜美、可爱、自豪，等等。

李超然无论如何找不准停顿亮相的第八拍后半拍的感觉。我就将整个动作跳出来，他一下一下地学，也不说话。我翻来覆去地给他讲，黎

族姑娘如何美，草笠如何漂亮。李超然闷声听完，只说"再写吧"。

与此同时，台里的舞美已按要求用绸布代替葵叶制作好草笠，我审完通过。一切进展都很顺利，只等李超然的音乐了。终于传来好消息，《草笠舞》简单富有特色的旋律脱稿了。团里上至团长下至舞美、演员都跑来看，这个新颖的节目获得一致好评。参加排练的姑娘们依照陈导演的要求，把自己想得美美的。

《草笠舞》从风格上延续了《三月三》的黎族顺拐动律，在此基础上又有了进一步发展，每一个动作都与《三月三》拉开了距离。在舞蹈中，姑娘们站成一横排，手叉腰，上身松弛斜身出胯，一脚为重心，一脚弯曲点地，同边顺拐。她们由台中直冲台前，神态就是让观众尽情地欣赏，翘起的下巴表现了一句主题词：瞧，我们多漂亮呀！这个作品充满感情，语汇独特，形象传神，挺胸、提胯、蹬脚的主题动作与侧身三道弯的舞姿形态完全来自黎族姑娘生活中的形态和盛装时的心情：节日里黎族姑娘戴上手镯脚镯，为了给人看，她们将双手抬起至腰部，翘起手腕前后摆动，镯子相碰叮咚有声；抬脚同样是为了展示美丽的脚环，踹腿时发出银饰相碰的声音。

东方歌舞团的导演郭冰玲来海南采风学素材，将《草笠舞》带回北京。当时东方歌舞团组织节目，准备出国参加芬兰赫尔辛基举行的第八届世界青年与学生和平友谊联欢节的演出。郭导演推荐《草笠舞》并被同意排练。我立即动身北上，八位女演员已经选好，陈爱莲、张均、于海燕、莫德格玛、傅新丽、唐景露、小金、朱国琳。八位舞蹈演员个个出色、人人有特点：陈爱莲的古典舞功底最强，身体素质好，腿抬到哪个位置绝不会有一点偏差；张均堪称是中国印度舞第一人，舞姿韵味十足；莫德格玛是蒙古舞第一人，抖肩的动作细腻精湛、无人可比；傅新丽来自四川，唐景露毕业于东方歌舞团的学员班，该班由周总理亲自批准成立；朱国琳是广州战士歌舞团的，曾出演《艰苦岁月》里的小战士，这次被抽调上京。

世界青年和学生联欢节是由世界青联举办的。世界青联成立于1945年，美、英、法、中、苏等63个国家的代表出席成立大会。之后，随着国际局势的发展，青联内部不断分化，50年代开始，世界青联成为以欧洲社会主义国家的青年组织为骨干，成员包括欧美发达国家的共产党青年组织和受共产党影响的青年组织，以及亚洲、非洲、拉丁美洲发展中国家的青年机构和左派青年组织。1966年底，中华全国青年联合会停止了同世界青联的联系。

对于新中国来说，当时参加世界青年和学生联欢节不仅是参加一次文艺演出，更是参与一件关乎国家名声的政治大事，中宣部领导对于每一届所送节目都相当慎重，权衡再三，以确保参赛节目可以获得奖项。联欢节分两类节目，一是表演，二是参赛。第六届联欢节上，《三月三》作为表演节目参加，参赛作品是表现西藏题材的舞蹈《草原上的热巴》。现在第七届联欢会的节目出来了，北京导演编排的《走雨》参加表演，《草笠舞》参赛。后来传来了消息，《草笠舞》获得了联欢会世界金质奖啦！1994年的"中华民族20世纪舞蹈经典"评比中，《草笠舞》再获经典作品金像奖。

从1958年《草笠舞》诞生开始，在成百上千次的国内外演出中，现场的情形都十分相似，观众情绪激动。尤其是在国外，热情的观众追到后台，迫切要求高价索取一顶印着漂亮民族图案、以黄绸缎为帽身的垂着两条红穗的漂亮草笠；实在得不到满足时，只要能借来一顶草笠拍张照片，也是千好万好的。

三、《胶园晨曲》

1. 时间：1971年。

2. 编导：陈翘；作曲：李超然；作词：刘选亮。

3. 创作背景：70年代初，中国与柬埔寨两国友谊情深意长，柬埔寨亲王西哈努克访问中国，中方有意安排一场文艺晚会接待亲王。然而，当时全国人民跳忠字舞、革命舞，以极富中国政治意味的舞蹈或其他文艺形式慰问亲王，似有不妥。一个政治任务安排到海南歌舞团，要求创作一个艺术性强的舞蹈。此时，陈翘正在干校接受劳动改造。接到任务，她提前回到歌舞团。在理解了任务要求之后，陈翘将舞蹈作品定位在"富有春天气息"上。

4. 主题：割胶工人的生活。

◎　《胶园晨曲》剧照

陈翘口述：《胶园晨曲》创作过程

多年之后，一位当年在海南下放的知青回忆自己在橡胶林割胶劳动的生活时，形容胶林里的劳动毫无浪漫与希望。他曾经被锋利的割刀割破静脉，曾经掉进深深的棺材坑，每天凌晨两三点钟起床割胶收胶乳，在山里走得晕头转向浑身酸痛，弥漫着浓重湿气的胶林里，看不到星光，只有头戴的矿石灯帽有一点光亮。这位知青接着描述了当时一个十分流行的舞蹈，极尽诗情画意地表现了胶林女工割胶的劳动，他随口哼出了舞曲，并唱完了其中的主题歌。

知青描述的舞蹈就是我创作于1971年的作品《胶园晨曲》。说到这支舞蹈作品，还有一段来历。

20世纪五六十年代，中柬两国关系密切，美国政府对西哈努克恼羞成怒，辅助柬国内的敌对势力，策动政变。1970年的3月，西哈努克出访莫斯科和北京，由美国人扶持的朗诺上台。北京中央政府以最鲜明的态度表示了对西哈努克的支持，周恩来总理亲自去机场迎接亲王及夫人。毛主席在一份决定中声明，只要柬埔寨革命需要，中国全力支持，并发表了讲话：全世界人民团结起来，反对美帝国主义及其一切走狗。中国各地举行了大型的反美游行，声援柬埔寨人民，游行人数达到四亿多。两年后，中美关系进入缓和阶段，但中国仍坚持对柬埔寨不变的立场。西哈努克对中国人民的深厚友谊溢于言表，在北京天安门城楼上，对着成千上万名群众，西哈努克用中文高呼：毛主席万岁。

作为海南民族歌舞团的舞蹈编导，我与这位遥远的柬国亲王从未谋面，却接到通知，要为亲王编排一个抒情舞蹈。当时全国上下跳忠字舞，找不到一个纯粹的唯艺术美的舞蹈。让外国友人看极富中国政治意味的舞蹈或其他文艺形式，似有不妥。创作任务也就是政治任务，我顺理成章地离开干校。

进入创作，我开始翻动大脑里的储存库，虽然没有看过现场演出，但对苏联小白桦艺术团的演出评论"春天的气息"印象深刻，这个极富诗意的词汇在我脑海中转来转去。编一个"富有春天气息"的舞蹈！念头的出现既兴奋又苦恼，但是怎样的舞蹈才能够尽显"春天的气息"呢？

　　我的创作从来都离不开生活、离不开人民，所以，我决定到农场去体验生活。

　　凌晨两三点钟，林子里黑魆魆难辨五指，草丛中小虫鸣叫，偶尔从远处传来一两声大型动物的叫声。同行的女胶工头戴矿石灯帽，身背胶篓，带着三棱形刀口的胶刀；此外，手里还有一根棍子，不时扫着路面，这是打草惊蛇。我跟在班长身边，瞪着一双大眼睛四下张望，除了夜色和越来越浓重的雾气，什么都看不见。胶林里雾气凝聚成露珠，滴在落叶上，啪啪的声音打破了滞重静谧的夜色，黏糊糊的湿气贴着脸上胳膊上。因为割胶需要个人跑树位，完成自己份内的任务，所以，在远处不时有闪烁的点点灯光，那是割胶工头上的矿石帽。

　　我守在班长身边，观察她的一举一动。班长一边割胶，一边给我讲解。割胶是一项技术性很强的工作，割胶时，手、眼、脚必须互相配合协调，有节奏、轻重适度地推进胶刀，脚随之跟进，眼睛盯准割线，而且胶刀割进橡胶树皮的深度必须把握准确。太深，会伤到树干；太浅，影响胶乳的流出。一连多天，我跟着胶工进林割胶，很快就学会了一整套钩推拉刀的动作，手里比画动作，心里构思着舞台动作。

　　回到团里，首先找来李超然。我告诉他，这个曲子要有春天的气息。有一天深夜，李超然来敲我的门。他说："陈翘，我来找春天。"

　　我从睡梦中清醒过来，开始给他描述：清晨，薄雾中，一群女孩子仙女一样，从远处慢慢飘移过来，穿过树林，穿过黑夜。李超然对我当时的遭遇很了解，他愁眉苦脸地说："想想你自己，哪来的春天气息呀。"我大笑起来，只要我想有，随时就会有。就是这样，批斗、挨整，都不会压垮我，只要给我创作的机会与自由。

　　当时刘选亮已经完成了歌词创作："五指山下春来早，胶林深处歌声高，晨风阵阵银光闪闪，星星伴我挥胶刀。滴滴胶乳化彩云，飞越群山到北京。往日的荒山野岭，今日是千里胶林。"我们三个人坐在灯下，一边讨论一边比画。

　　那天晚上李超然离开后，刘选亮也睡下了，我睡不着，脑子里都是割胶女工的形象，想到橡胶树的挺拔，是不是可以用脚尖来表现呢？一排女孩子用脚尖从胶林深处缓缓走来，挺拔秀美，像一棵棵胶树。在当时全国范围内还没有人在民族舞中加入芭蕾的动作，即使只是用脚尖。

作品完成之后，我被另一大问题困扰：割胶女工与黎族之间有没有关系？黎族同胞通常较少在农场工作，他们大都在自己的家乡村寨务农，既然以黎族舞蹈来创作反映割胶工人的生活，如果找不到黎族与割胶的关系，那就是最大的硬伤。于是，我四处走访调查，终于在番矛公社找到一片试验胶林，公社正在培训新一代的黎族胶工。

《胶园晨曲》进入了彩排，舞台上湛蓝色的天幕背景星辰闪烁，一片寂静的橡胶树林，将观众带入充满诗情画意的情境中。在精妙绝伦的音乐声中，一排割胶女工头戴矿石灯帽在天幕边缓缓飘移，仿佛林中仙女。在政治挂帅的"文革"舞台上，《胶园晨曲》这样抒情唯美的作品，相当稀有。

作为舞蹈作品，《胶园晨曲》是我所有舞蹈创作中，对舞蹈动作设计倾注了最多心血的作品，但它也有不足之处，比如十分钟的长度，可以再精简精练一些，会有更好的艺术效果。这里遗憾的造成既有作曲家的问题，也有编导的责任，作曲李超然难舍每一个乐句，我自己则陶醉在对美的抒发中，不能自拔，使得整支舞蹈稍嫌拖沓。

演出获得了热烈而长久的掌声，演出结束，西哈努克激动地站起来鼓掌，并接见了团里的主要编导演员。我觉得所有遭受的苦都是值得的，还有什么可以与掌声鲜花相比呢？我觉得即使再被点名为"反革命"，但只要能够为国家争光，那么当个获得外国领导人接见的"反革命"，也未尝不好。

◎ 排练《胶园晨曲》

四、《喜送粮》

1. 时间：1971年。

2. 编导：陈翘。

3. 主题：黎族同胞送公粮，表现丰收的喜悦。

4. 《喜送粮》在佛山参加全省文艺汇演时首次公演，立即轰动全省。

5. 从1971年的国庆游行开始，《喜送粮》的热潮持续了几年。每年的劳动节、国庆节，在北京中央公园和劳动人民文化宫举行的欢庆舞台上，《喜送粮》是必演的节目，它成为70年代标志性的舞蹈，令一代人难忘。

6. 《喜送粮》被香港电影厂收入影片《万紫千红》，被珠江电影厂收入影片《歌舞》。

7. 2007年的除夕之夜，数以亿计的中国观众通过中央电视台春节联欢晚会，重新欣赏了30年前的舞蹈经典《喜送粮》。

◎ 《喜送粮》剧照

陈翘口述：《喜送粮》创作过程

创作的过程苦不堪言，但它充满创造的快乐，同时带来巨大的精神满足。

1971年前后，因这一时期，所有的创作都不能署个人名字，集体创作取代了个人创作，我带着一个创作小组，开始编排送公粮的舞蹈。因长期与黎族同胞相处，我对他们的生活劳动十分熟悉。每到交公粮的时候，十里八乡的人赶着牛车来交粮，一把大公平秤由专人负责，另外有专人检查质量，空瘪谷子会让村里的人脸上无光，需重点把关。人群中有挑担的、有排队的，小孩子们嬉闹跑跳，老人眯缝着眼睛在旁边等候，年轻的姑娘们三五成群地说话，鸡呀狗呀，也挤在人群中撒欢，场面热闹得像过节。

创作组里有人提醒我说："这次你不会再用草笠了吧。"

不用草笠，可以用别的东西挑粮食。我记起在一次业余汇演中，有人用长绸带充作扁担。长长的绸带既是扁担，也是装粮食的大口袋，还可以变成手中簸箕里扬起的谷子，最后还是表现欢快气氛的彩带。这是我创作的特点，一旦找到了关键点，整个作品就水到渠成了，节目也肯定有新意。

有一天，舞美设计问我，能不能让这个谷垛也活起来。一句话点醒了我，这真是个好主意，让舞台上的谷垛活动起来变成汽车，黎家送公粮不仅有了扁担，更有了现代化的汽车。司机的动作也有了，这是来自儿子小小的身影，每天他都会重复地玩他的开车游戏，手里拿着任何物品充当方向盘，嘴里嘟嘟、叭叭地叫着，在屋子里转来转去。

这一次的作曲是陈元浦，这位从南洋回来的华侨，早年教过我拉小提琴，当时已经是团里的主要作曲。

12个女演员天天开心地排练《喜送粮》。舞蹈充满了戏剧色彩，有情节有情感。舞台上艳丽华美，演员穿着黑色上衣、红色裙子，手拿黄色绸带。金黄色的谷垛变成汽车开动的时候，舞蹈达到了高潮。

《喜送粮》延续的是黎族民间舞蹈的动律和从生活中提炼出的大量的劳动动作，但高潮部分的动作也是让我耗尽了心血。我从缅甸舞和苏联代表性的民间踢踏舞中受到启发，将几个动作改进融入到舞蹈中。尽管是别的舞种动作，但经过加工已经成为自己的语言，融在《喜送粮》里完全不着痕迹。

《喜送粮》的首次公演是在佛山参加全省的文艺汇演时，首演立即轰动全省，海南民族歌舞团随即扬名。尽管对外说的是集体创作，但行内的人都知道这是我的作品。不用我自己说，外界评论一致认为，陈翘的黎族舞蹈特色越来越鲜明。

国庆前夕，有关方面正在筹备游行方队，在民族方阵中，依照惯例几个大民族是首选，藏族、维吾尔族、蒙古族、朝鲜族等。当时我正在北京，找到有关人员，告诉他们《喜送粮》的服装非常好看，舞蹈动作简单，容易做到整齐划一，队伍走起来非常漂亮。重要的是全国各地包括北京各大文艺团体都学过《喜送粮》，群众基础相当好，服装、道具全是现成的。考虑到黎族虽是个小民族，但不管如何，《喜送粮》走在方阵中，确实有强烈的视觉效果和喜庆的气氛，终获有关方面的拍板。

黎族舞蹈《喜送粮》的方阵参加了这一年的国庆游行，此后《喜送粮》的热潮持续了几年，每年的"五一""十一"，在北京中央公园和劳动人民文化宫举行的欢庆舞台上，不管是业余的、专业的，《喜送粮》都是必跳的节目。当时全国有多少人跳过、看过《喜送粮》，无法统计，与它同样有着广泛影响力的是藏族舞蹈《洗衣歌》。

2007年中央电视台春节联欢晚会上再次响起了《喜送粮》的音乐，这一年的除夕之夜，数以亿计的观众重新欣赏了30年前的舞台经典。

《喜送粮》以它自身的艺术魅力，换来了历史的评价，我觉得无比欣慰。

◎　为中国赴美艺术团排练舞蹈《喜送粮》

五、《踩波曲》

1. 时间：1979年。
2. 编导：陈翘、刘选亮；作曲：陈元浦。
3. 主题：表现海南女子潜水队员战天斗海的英雄气概。

◎ 《踩波曲》剧照

陈翘口述：《踩波曲》创作过程

进入70年代，女子潜水队被树为广东省先进典型。中央新闻纪录片厂专门为她们拍摄了纪录片《潜海姑娘》，女子潜水队扬名全国、声播海外。

在我20多年的创作生涯中，还有一个空白点，那就是身为汉族人，还没创作过一个汉族舞蹈。中央新闻纪录片厂拍摄的纪录片《潜海姑娘》上映后，我被这些可爱的潜水姑娘们的事迹打动，我找来报纸，翻查有关报道。能否将潜水女队员搬上舞台？如何表现这些可爱的潜水姑娘？我开始思考。内心有了感觉，甚至有了某种激动，这就是创作前兆。我与刘选亮商量，决定以新中国第一代汉族潜水姑娘为题材，创作一个汉族舞蹈，这一想法得到团领导的支持，我们立即动身前往琼海体验生活。这一年是1979年。

1955年，琼海成立海水养殖场，主要生产麒麟菜，这是一种用途极广的海藻，可用于纺织、医药、食品和建筑行业。麒麟菜生长在海底的珊瑚礁上，播苗和收获都要潜水，传统上由年轻体壮的男潜水员完成。1963年初，36名海口知青来到养殖场后，提出组织女子潜水队，被批准成立。十几年里，这些城市的娇娇女付出巨大的努力，练就了一身好功夫。工作紧张的时候，为赶上男队员的工作量，她们从凌晨三四点钟下海到深夜十点才收工。这些年来，优秀的女子潜水队习惯了被各种媒体报道，但对于舞蹈家的到访却有些意外。她们好奇，舞蹈家将会如何把她们的形象搬上舞台。

年轻的潜水姑娘在获得社会认同的背后，付出了巨大的、不为外人所知的代价。由于长年在海水里泡着，姑娘们脸上除了戴着潜水镜的眼睛部位的皮肤是白色的，全身皮肤都是古铜色，一眼看去甚为怪异。姑娘们常年无法外出，以免招致围观和嘲笑。此外，长年泡在海水里，她们几乎个个患有不同程度的妇科疾病。在鲜亮的光环之下，姑娘们并不抱怨，她们不约而同地将之解释为那是应该付出的。

我和她们同睡同吃同作业，很快被深深感染，一种精神悄然植入了内心。感情上接近是一回事，真正的体验才是考验。女队员们将我接上船，描绘她们是如何潜水的，如何采麒麟菜的。我从小怕水，曾被团里同事推下深水，落下恐水症。所以站在船上，看着一望无际的大海，我双腿发软，头发晕。

船来到生产麒麟菜的海域，从海面往下看，珊瑚礁在水下浮动，仿佛在舞蹈摇曳，活灵活现。这让我大为惊讶，生长在海底的珊瑚礁是活生生的，并非以前曾见过的珊瑚石。记得到海南后第一次见到海滩上堆积的各式各样花纹的珊瑚礁，当地人称石花石，是用来烧石灰的。当时我兴奋至极，将一个袋子装得满满的，以为捡到了宝，却被当地人笑话，现在终于看到了漂亮的海石花。

依照队长的指示，我戴上潜水镜，在两位队员的帮助下，下到海里，几乎触摸到珊瑚，水中的珊瑚在阳光的照射下五颜六色，红的、绿的，色彩斑斓，非常漂亮。我平生第一次潜入海水，第一次亲眼见到在海水中自由伸展甚至舞动的珊瑚，绿色的麒麟菜附着在珊瑚礁上，像海水女妖。海面上是女潜水队员的劳动场面，她们不时潜入水里采摘麒麟菜，浮出水面时将手中的菜放进身后的竹筐里。

回到海口，我日夜琢磨如何表现这些可爱可敬的潜水姑娘。关键是人，是这些女潜水员，海水也罢，海石花也罢，只有衬托人物的时候才有意义。我想起小时候在潮汕文工团扮演过《幸福山》里的狐狸，当时用硬纸片糊了十个尖尖的手指套在手上，夸张地表现狐狸的狡猾。现在我可以用人来表现海石花，戴上指套，表现海石花的美。既然海石花可以用人来表现，风浪为什么不可以呢？风浪用拟人化的手法来表现，可以通过人与风浪搏斗，表现出潜水姑娘战天斗海的英雄气概。

海水的形象有了，海石花的形象也有了，那么潜水队员的形象呢？

在游泳池里，我站在齐腰深的水里，一股力量反向冲击着试图向前迈步的双腿。有经验的人说，可以让手臂起到双桨的作用，划开面前的水流，使身体在水流左右分开时前进。我试着走一步，效果显著，双腿迈开了大步，颇有几分舞蹈的姿态。我还有新的发现，几乎每一个人抬头出水面时，都会不自觉地以双手抹去脸上的水珠。这一细节给了我灵感，随即便有了潜水队员们新的动作，这个看起来像新疆舞动脖子的动作，当时被认为是学习借鉴了其他民族舞蹈艺术。

其实，我所有作品中的灵感都是来自生活，忠实于生活。

作品已经定下名字：《踩波曲》。相比以往的作品，这一次创作的最大难度是结构，其中高潮是一段潜水队员战风斗浪的舞蹈。对音乐曲式上的把握是刘选亮的强项，风浪以及海水的动作归刘选亮编排，潜水队员与海石花由我创作。排练厅里边排边改，我们两个导演轮番上场，演员们充满期待，不知下一场会出现什么。有时遇上问题，也就随时跳过，回到家，两人再商量确定。

由于场景特殊，这些姑娘们必须穿上泳装。市面上的泳装相当简单，难以符合舞台要求。改革之后，服装师拿出了一套橘红色的舞衣，连衣的超短裙，上衣紧身无袖缀着金色花边。在蓝色海水与白色的海石花之间，尤其夺目漂亮。海水波浪由男演员身披浅蓝色斗篷扮演，超宽大的披风连接出巨浪滔天的壮观海景。10位扮演海石花的姑娘通体白色，夸张的手指装饰借用了潮州通花的白色手套，头顶的花冠，富有民族特色，整个舞台满眼生辉。气势磅礴的音乐和变幻的灯光效果，烘托出了舞蹈的中心主题，表现出对女子潜水队员最高的礼赞。作品由抒情开端，发展到高潮，在乌云密布的海面上，女潜水队员不惧风浪、英姿飒爽、战胜困难，最后在诗情画意中结束。

第一场正式演出时，全场掌声雷动，观众从未见过舞蹈如此表现海水、风浪与海石花。观众情绪激动，我也激动，我知道这个作品是成功了，但没有想到如此成功。观众中有一位年轻的大学生洪寿祥，若干年后成为海南省的领导之一。这位中山大学中文系的毕业生，边观看演出边用自己所学的文艺创作理论来评论《踩波曲》，他认定这是陈翘作品的又一个新台阶：从小品式的、场景式的、追求唯美的作品中跳出，在舞蹈作品的主题上有了一定的深度；在场面上，也有了重大突破。

六、《摸螺》

1. 时间：1980年。

2. 编导：陈翘。

3. 主题：表现黎家儿童的关爱与友善。

4. 《摸螺》获得首届广东省鲁迅文学艺术奖一等奖、广东省儿童文艺作品一等奖。

5. 1994年《摸螺》获"中华民族20世纪舞蹈经典"提名奖。

◎ 《摸螺》剧照

陈翘口述：《摸螺》创作过程

70年代末，"文革"结束、新时代开始，我从心底里真正摆脱了政治运动的阴影，感觉到新的生活必须有新的状态，我要创作。

黎族生活信息牢牢储藏在大脑中，《三月三》表现了姑娘小伙的爱情，《草笠舞》表现了黎族姑娘的美，《喜送粮》表现了丰收的喜悦。这些都是发生在成人世界的事，那么孩子呢？我向来与孩子们关系密切，下乡的时候，我的身后总会跟着一长溜光屁股的孩子们。这是在土改儿童团工作时得到的经验，与孩子建立了友谊，也就是与一个家庭建立了友谊，从孩子突破，我就可以在一个新的寨子里迅速打开局面，获得全村人的欢迎。

在黎寨，家家户户的茅屋屋檐下，都有几双雨天用的木屐。这种特制的木屐造型笨拙，从大木块中砍出脚形，两侧用烧红的铁丝分别打出三个洞，穿上藤条。平时家中有客人来，木屐可以临时充当坐凳。雨天，孩子闲得无聊，将两只木屐相互敲击，发出空空的声音，以此取乐。

天气晴朗的日子里，黎寨孩子最大的乐趣是去河里摸螺。成群结队的孩子背着小竹篓，在河水里嬉戏玩耍，将摸到的小鱼、小虾、螺、蚬等放进背篓带回家，改善伙食。孩子们清脆的笑声在树林里、在溪流边传出很远。山里溪流很多，有些溪上架一根粗大的树桩，方便过往的行人。树丛里鸟儿鸣叫，透过树梢洒下的阳光斑斑点点，清风从小溪上吹来，孩子们坐在树桩上、站在溪水中，构成了一幅可爱的人间美景。这是我在无数次的下乡经历中的一个情形，熟悉得不能再熟悉了。

现在画面更加清晰起来，我要编排一个儿童舞蹈《摸螺》，场景在脑中已经形成。是否可以在舞台上架设一座小木桥？舞台的空间自然就立体了，孩子们上桥下水，在河边，在桥底。我的舞蹈创作往往从道具突破，从场景突破，《三月三》是树枝，《草笠舞》是草笠，《喜送粮》是彩绸，我又开始把自己关在排练厅里，仅仅三天，作品便完成了。

《摸螺》的构思有几个亮点。

第一是孩子的舞台形象。服装的主色调是宝蓝色，这是我最爱的颜色，也是过去从来没有在舞台上使用过的；小短裙借用了白沙地区黎族妇女的服装，裙子很短，只有一尺宽，露出两条漂亮的长腿。这样的装束，用于舞台上的成年女性有些不妥，但适合孩子，既表现出孩子的天真可爱，又有鲜明的民族特色。小背篓挂在腰上，随着身体的动作一摇一晃；木屐踩出整齐的节奏，拿在手上可以变幻出许多新奇效果。

第二是情节。人在山里行走，常常能见到螃蟹，人一旦被这些在水边生活、有着两只巨大钳子的小东西夹住，皮肉是要吃苦的。我将此移到作品中：一个孩子被螃蟹夹了脚，孩子们齐心解救，并且将自己的战利品送给受到惊吓的女孩。由此，表现出黎家孩子之间的关爱与友善，深化了舞蹈的主题内涵。

第三是舞美。舞台中间架设了小木桥，我称它为立体交叉小桥，在70年代末、80年代初期的中国舞台上，这样的设计比较少见。它拓展了舞台空间，营造出上下两层的空间效果，丰富了舞台视觉，打破了传统的单一平面舞台调度。

第四是舞蹈动律。《摸螺》延续了对黎族舞蹈的总结与提炼：顺拐配合黎语喊话和短促的节奏，营造出孩子们活泼好动的可爱性格。

20多年的积累，短时间里聚集爆发，真正实现了"长期积累，偶尔得之"的艺术创作真谛，所有好的作品都是感情集中而真实的体现。

◎　排练中的陈翘（前）排居中者

七、《中国革命之歌》之"海底焊花"舞段

◎ "海底焊花"舞段剧照

陈翘口述:《中国革命之歌》之"海底焊花" 舞段的创作背景

　　1982年10月,中共中央书记处做出创作大型歌舞《中国革命之歌》的决定,创作演出领导小组正式成立,文化部副部长、著名作曲家周巍峙任组长,著名词作家乔羽任副组长。来自首都和部分省、自治区及解放军共计68家文艺团体的1300多位舞蹈编导、音乐创作、演员及舞台美术、灯光、服装等工作人员,组成了创作小组。大家会集北京,历时两年,我也是其中之一。

　　整部作品由序幕、五场歌舞和尾声组成。序幕《祖国晨曲》:霞光初照,男女青年在雄伟的长城下翩翩起舞,抒发时代的豪情,迎接祖国的黎明。第一场《五四运动到建党》,由"苦难的中国""五四运动"

"中国共产党诞生"三段组成。第二场《北伐到井冈山会师》，由"北伐号角""'四一二'政变""南昌起义""井冈山会师"四段组成。第三场《长征到解放战争》，由"长征""游击战""七大""解放战争"四段组成。第四场《建国到粉碎"四人帮"》，由"开国大典""祖国颂""粉碎'四人帮'"三段组成。第五场《十一届三中全会到十二大》，由"三中全会""春回大地""创业者之歌""科学的春天""海底焊花""祖国的钢铁长城""幸福的儿童"七段组成。尾声是《向着光辉灿烂的未来前进》。

接到创作组的通知时，我正在广州忙着歌舞团搬迁的事宜，整天在省委、省政府的领导办公室之间奔波，与农民讨价还价，审阅建筑图纸，看各类财务报表，在建筑工地当质量检查员，几乎都忘了自己原来的身份。所以，看到北京的通知时，我才想起自己还是个艺术家，是一个受到国家舞蹈艺术权威部门认可和关注的艺术家，真是百感交集。

从广州到北京、从监工到艺术家，我的身份角色转换是很快的，因为我本就是艺术家嘛。第一天参加编创组会议，当时在讨论大歌舞的某些主题，提到如何表现"文化大革命"，我坐不住了。我亲身经历过"文化大革命"，这是一场完全扭曲了人性的浩劫。人一旦被抽掉人性，就和动物没有什么区别了，而人比动物聪明，他的毁灭性也就更危险了。我开始描述舞台设计："舞台上，一束聚光灯照过来，机关干部离开了正常的生活环境，每个人头朝下、脚朝上，颠倒着戴上了面具；聚光灯转过来，工厂里的工人们放下手里的工具，戴上面具，立即面目可憎；聚光灯再照到田间，农民放下锄头铁锹，离开农田，开始批人整人，他们同样是戴上了面具。舞台上两组人流，红色与黑色……"我讲得很激动，声音越说越大。

全场在一阵安静之后，进入了热烈的讨论，主持会议的乔羽不得不提高声音维持秩序。他说："哎呀，陈翘，你一来就刮起了红色风暴。"乔羽用他浓重的山东口音半开玩笑地说，全场哄堂大笑。我也就得了一个雅号：红红。

当天晚上和乔老爷子聊天，我还在为自己的想法被否定而耿耿于怀。对于艺术，我是相当敏感的，我坚持认为用红黑人流表现"文革"

是具有震撼效果的，至于非艺术因素不在我考虑范围之内。

我们要排《中国革命之歌》，这个手法不合适。这是乔羽的话，他不仅写了许多优秀的作品，在政治上同样是成熟的。当年《东方红》剧组里，他是文学组组长，直接接受周恩来的指示；现在，他身负重任，主持《中国革命之歌》大剧组的日常创作与大大小小的诸多事务，不能有一丝一毫的差错，在政治上绝不能有半点闪失。所以，他否定了我的红黑人流创意，但是我的爽直性情以及艺术敏感，给乔老爷子留下了很深的印象。

因为晚到，任务分配基本完成，剩下两段舞蹈：第五场社会主义建设中的石油工人和葛洲坝建设。我选择了石油工人。我不擅长男性舞蹈，又没有接触过石油工人，创作压力很大，但退路是没有的，必须想尽一切办法完成，否则无法交代。还是老办法，艺术从生活中来，首先去体验生活。

石油的产出地有来自海上与陆地，尽管我对海上石油相当陌生，但有过《踩波曲》的创作，海水、海石花，都是我曾经潜心塑造过的形象，在创意上可以借鉴。在渤海石油基地体验生活时，面对海上作业台、海上石油工人，我有了灵感，决定选择石油工人在海底铺设输油管道作为舞蹈框架，由此产生了"海底焊花"舞段。

既然是海底石油，便有石油工人从井架上跳入大海的英姿，我考虑通过杂技演员完成从高空跳下的动作。紧接着，一群石油工人从幕后借助滑行的椅子，加上灯光的特殊处理，表现工人的海底行进，艺术地塑造出石油工人穿梭在珊瑚礁之间，铺设、焊接石油管道的海底作业形象。

这把特殊的可以滑行的椅子显然是整个舞蹈的关键点。

北京不比海南，《中国革命之歌》编导组里聚集着全中国最好的编导，同样潜伏着优胜劣汰的残酷竞争，弄不好，个人的声名事小，政治问题事大。我小心谨慎，但实在忍不住自己的想法，决定一试：要求道具组设计一把特殊的椅子。工人算出了每张椅子需花160元，经过讨论，领导组要求我写出申请报告，尽量做到成功，不要浪费。我觉得为难，既然是试验，就可能不成功，我不能做这样的保证。好在我的想法得到了周巍峙的支持。

第一把试验椅做了出来，装有三个轮子的椅子相当不稳，首次试验不理想。得知情况的乔老爷子鼓励我继续试验，第二次的椅子轮子偏小，依旧不合要求，直到第三次换上大一号的轮子，演员试用后才达到效果。此后的编排十分顺利。

第一次节目审查在天桥剧场，中宣部副部长贺敬之审查了九段舞蹈，每个导演的心都悬着，想着所排的舞段能否过关，能否得到领导认可。我也很紧张地等着。

第五场"海底焊花"开始了。舞台上一条浅蓝色的绸布横贯舞台，象征蓝色的大海。两个杂技演员从高空跳下，"之"字形地划过舞台，借助滑轮椅，六位男演员表现出在水中穿过海石花群焊接管道的石油工人的艺术形象，36位海石花姑娘的舞蹈形象是延续了《踩波曲》里的造型，美丽的头花，手指夸张的表现，使得舞台上满眼生辉。最后，石油工人们一路滑行上到天幕，那里焊花点点。

全场演完，贺部长发表了简短的讲话，并一一点评，我记得他对第五场的"海底焊花"的评价是：有新意，在没有灯光效果的情况下，已经做得很新颖；用如此抒情美丽的形式，表现强悍粗犷的石油工人铺设输油管道的工业题材，别具一格。

1984年9月，中华人民共和国成立35周年，《中国革命之歌》在中国剧院隆重上演。剧场里的巨型雕塑幕布上，是各历史时期的英雄人物群像，也是中国革命史的缩影，观众进入剧场便能感受到强烈的历史斗争氛围。这是在《东方红》大歌舞之后，又一部高奏主旋律、进行爱国主义和革命传统教育的舞蹈史诗。《中国革命之歌》在艺术表现上以音乐舞蹈为主，综合运用了诗歌、绘画、电影、戏剧等多种形式和手法，大大增强了作品的表现力。演出获得了邓小平同志的高度评价。

八、黎族神话舞剧《龙子情》

1. 时间：1989年。

2. 艺术指导：陈翘；总导演：刘选亮；编剧：重华、刘选亮；编导：锡英；作曲：朱诵邠。

3.《龙子情》获广东省庆祝建国40周年文艺作品一等奖。

◎ 《龙子情》舞剧宣传海报

陈翘口述：黎族神话舞剧《龙子情》创作过程

1989年前后，我带着四川舞蹈编导重华一行创作人员来到海南琼中县，我们此行的目的是创作一部以黎族民间故事神话传说为蓝本的舞剧。重华是一位非常有才华的编导，曾创作藏族神话舞剧《卓瓦桑姆》。在一次全国舞蹈会议上，我们俩一见如故。重华在四川有很好的创作环境，可以争取省委领导的支持，得到一笔创作经费，这对当时身陷经济困境中的我们无疑是最为重要的；同时，重华对黎族舞蹈，对我和刘选亮的黎族舞蹈作品早有认识，他十分愿意与我们合作。

龙子的故事是一个在黎族地区广为流传的民间神话故事，我听过无数遍，每次听都会被感动。

在一个黎寨里，失去父母的黎妹与哥嫂同住，被狠心的嫂嫂折磨虐待，从早到晚做着繁重的农活杂事，可怜的黎妹只能以泪洗面。大海深处的龙子得知黎妹的遭遇，悄悄前来帮助，龙子很快与美丽善良的黎妹相爱，他们在山里约会。黎妹的行踪被哥嫂发现，嫂嫂让哥哥假扮成黎妹，以刀击碎了龙子胸前的镜子。龙子失去了法力，身受重伤，他告诉黎妹，如果潭边的榕树倒下了，就是他死了。黎妹沿着龙子淌下的血迹，来到水潭边。榕树的叶子纷纷掉落，树身慢慢地倒向一边，黎妹用尽全身力气顶住倾斜的树，她一边流泪一边呼唤龙子。榕树又倒向了另一边，黎妹随即跑到另一侧，继续用力撑住树杆。黎妹来回地跑呀，撑呀，最后，树还是倒下了。黎妹绝望地抚摸着地上的榕树，纵身跳进深潭，去追寻她的龙子。

这个凄美的爱情故事，让重华一行人唏嘘不已。我们当即达成共识，以龙子和黎妹的故事为蓝本，创作黎族神话舞剧《龙子情》。经过反复研究，舞剧最后定稿。舞剧由三部分组成：龙子的怜妹、爱妹和救妹。剧中人物龙子满怀深爱，有着神奇的法力，然而，舞剧没有让龙子变成法力无边的战无不胜的神。失去魔镜后，龙子随之失去了法力，但他竭尽全力去救心爱的姑娘直至死去，龙子的形象深情而悲壮。剧中另一个主要人物黎妹，为了自由和爱情同样献出了生命。《龙子情》以凄美的悲剧结束，给观众留下了强烈的心灵震撼。

舞剧《龙子情》可以说浓缩了我与刘选亮多年来对黎族文化艺术民风民情民俗的理解，尤其是将几十年来对黎族舞蹈的研究、创作做了一个总结。

首先是动作上的提炼。在以往的创作中，我的舞蹈动作多是来自黎寨中的巫公，比如《三月三》中男子的出场动作。在《龙子情》中，我特别设计了一个完整的巫公做鬼的情节。黎妹因爱上龙子，被狠心的哥嫂诬陷，于是舞台上出现了巫公做鬼一场戏，相当完整地展示了黎族巫公的形象。

《打柴舞》是传统黎家民间舞蹈，在舞剧《龙子情》中得到了全新的拓展与提升，一段竹竿舞将舞剧带入了高潮。长长的竹竿有时变成背景，有时成为洞房，有时又编织成龙子与黎妹的睡床，竹竿从地上延伸到空中，强烈地烘托出龙子与黎妹的抒情双人舞。

舞剧中，龙子与黎妹产生了爱情，他们在山坡上表达爱意，漫山遍野的花盛开了。山中的动物们抬着黎妹进入洞房，舞台上，一束束银白色的光导纤维花在电流的作用下，闪耀着晶莹的光芒，充满梦幻之感。木棉花是五指山区常见的花，在舞剧中被织成独特的红色短裙，在一群美丽的仙女身上宛如彩霞，赏心悦目。最感人的一幕是：龙子罹难后，黎妹悲愤绝望，精神失常，拿起鹿骨针，自我文身而血溅蓝天。此时，舞台天幕显现出特殊的效果，将舞剧带入巨大的悲剧情境中。

这次合作，不仅融入了我和刘选亮对黎族人民所有的情感与体验，同时也融入了重华的艺术创意。比如，重华别开生面地将川剧的变脸技艺引入巫公的表演中，给全剧增添了特殊的艺术效果。

1989年10月2日，在广州友谊剧院里，广东省民族歌舞团的黎族神话舞剧《龙子情》隆重上演，省委、省政府领导同志出现在1500多名的观众中。媒体用"情动观众"来形容演出的盛况。舞剧《龙子情》随后荣获了广东省建国四十周年优秀作品一等奖。之后，我将演出队伍带回到海南，参加建国四十周年及海南建省两周年的纪念活动。

九、大型歌舞《潮汕赋》

1. 时间：1992年。
2. 编导：陈翘、刘选亮。

陈翘口述：大型歌舞《潮汕赋》创作演出过程

我的家乡潮汕不仅是著名的侨乡之地，潮汕大地人杰地灵，有着丰富的民间文化传统。于是，创作一部关于潮汕题材的作品，成了我的梦想。

潮汕有句俗话：海内一个潮汕，海外一个潮汕。无数的潮人在过去几百上千年的岁月中，背井离乡，抛弃亲人，乘坐红头船，漂洋过海来到异国他乡。我的姑妈、姐姐、哥哥等都是这些海外潮人中的一员，而刘选亮的家庭更是华侨的代表。对于只身在异乡谋生的潮人，我与刘选亮抱有极深的感情，我们决定将创作的重点落在潮人的海外血泪史上。

在无以计数的海外潮人中，有的成了日后世界华人首富，有的成了当地国家的领袖，有的成了侨领，但更多的潮人生活在日复一日的辛勤劳作中，过着并不富裕、寄人篱下的贫苦日子。他们无一例外地将所挣到的血汗钱，从遥远的国度寄回家乡给父母、妻儿，这就是极具历史与当地特色的侨批。潮人外出除了几块家人做好的粿，必备的是水布。这水布同样具有潮汕地方特色，天冷时是衣服，洗澡时是浴布，晚上睡觉时是被子，外出做工时是汗巾，它还可以包裹物件，一条水布裹尽人生。

在舞蹈的创作中，我擅长使用道具，将水布列为重要道具。一条放大的水布就是一条横隔在亲人与游子之间的大海，也是连接着故土与异乡的血脉，它蕴含着丰富的含义。从这里进入，呈现在观众眼前的是一个无限深远的华侨世界。初具形态的《潮汕赋》中有"古港谣""过番歌"等，为了突出潮味，歌舞的伴奏大多采用潮州弦乐、大锣鼓、古筝等民间乐器。流行于普宁和潮阳一带的英歌舞，是群众性的广场舞，演员众多；在加工提炼后，保留了传统英歌舞的风格，但舞姿和短棒的挥敲动作都有了新的变化。

为了更大限度地突显潮味，我们在《潮汕赋》中加入了潮剧、潮州音乐和潮州方言歌，形成作品的全新面貌。当潮汕民谣"过番歌"响起，"一肚目汁一船人，一条浴布去过番，茫茫南海水迢迢，从此家乡万里遥"，只要是潮人，听到这熟悉而辛酸的歌谣，都会流泪的。我还特别邀请了著名潮剧表演艺术家姚璇秋唱一段潮曲，对舞台气氛的渲染起到了极好的推动作用。

我记得小时候在睡梦中被母亲抱在怀里看游神，清楚地记得那些挑花篮的姑娘和穿街过巷的队伍中的标旗，标旗上写着"风调雨顺""国泰民安"。标旗是潮汕农村中常见的物品，可以直接引入歌舞中，于是，有了后来的创新形式：将传统的报幕改为了两名少女手持标旗走过前台，标旗上写有第几幕字样，以示过场。

作品创作完成只是第一步，公开演出是更为重要的另一步。当时，我希望能够借助地方政府的力量将首场演出放在汕头进行。20世纪90年代初期，汕头经济特区发展得红红火火，大批华侨纷至沓来为家乡献计出力。李嘉诚、谢慧如、林百欣等捐赠了大量的钱物，一时间汕头成为海内外媒体关注的热点。我与汕头市委宣传部部长吴勤生交换了意见。吴勤生是一位有想法干实事的文化官员，对汕头的文化事业倾尽心力，他将我带到汕头海洋集团，见到了集团老总李国俊。

我讲了两个设想，一是排演大型歌舞《潮汕赋》，二是组建南方少女舞蹈团。艺术家与企业家一拍即合。

有了资金的保障，排练进展顺利；也因有了资金，我们需要依照出资方和地方政府的意见修改作品，对方要求在作品原来的结构中加入反映汕头改革开放大好形势的片段。于是，有了歌舞中的第三段：迎春曲。从全场效果来说，这一部分与前两段在气氛上有些脱节，略显生硬。原本要在华侨血泪史上做足文章的《潮汕赋》只得忍痛割爱。尽管有些许不如意，但我们还是尽了最大的可能表现主题，应该说，《潮汕赋》最为感人的依旧是对海外潮人血与泪的描述。

在第二场中的一段"海外来鸿"舞蹈中，舞台上一条巨大的水布造成了远隔万水千山的大海，一边是寄身海外的男人，深情地遥望着故乡；另一边，一位满头银发的老太太用颤抖的双手接过海外亲人寄来的信，双眼已瞎的老母亲将信交给身边的少女，少女抽出信摊开。这时，音乐戛然而止，舞台灯光照着静止的人物，充满离愁别绪的念信声慢慢响起，桑梓情意催人泪下，收到此时无声胜有声的艺术效果。

经过精心构思后的《潮汕赋》如一幅幅潮汕风情画，生活中常用的斗笠、水布、标旗甚至甜粿穿插于28个舞段中，观众熟悉的英歌舞、绣花舞、鲤鱼灯舞跃然台上，夏威夷、曼谷等地的200多套各具特色的民族服饰，使人眼花缭乱。

《潮汕赋》首演当天来了许多海外华侨、潮人，大家被歌舞中的艺术形象深深打动。演出结束时，大慈善家谢慧如走上台接见演员，并当场将一包砖头般大小的东西交到我手中。平生第一次遇到这样的场面，我只能转头向身边的吴勤生部长求援，吴部长点头说接下来。原来是谢慧如送给演员的一万元慰劳费。

谢慧如相当动情，对我说，一定要将这台节目带到海外去演出，让我们在外面的所有华侨都看一看，家乡的亲人是这样地思念着他们。在众多的媒体评论中，有一句话最具代表性：《潮汕赋》是一部血与泪凝成的画卷。

陈翘艺术年表简编
（1938—2016）

1938年 （0岁）

11月，出生于广州，原名陈霭翘。

1944年 （6岁）

毕业于黄埔军校的父亲陈彩生在与日本人对战中牺牲。

1949年 （11岁）

就读潮州金山中学。

1950年 （12岁）

1月1日，加入汕头文工团，改名为陈翘。

参加首部潮汕方言歌剧《赤叶河》演出。该剧导演郑一标，音乐创作陈玛原，音乐配器陈元浦。陈翘作为小队员经过短时间的强化练习，任乐队小提琴手。

1952年 （14岁）

进入正顺潮剧团，接受潮剧基本功训练。该团团长为郭石梅，同团演员中有姚璇秋。

1953年 （15岁）

3月15日，潮汕六大潮剧团在潮州举行"旧剧目观摩会演"，在折子戏《拒父离婚》里，陈翘主演青衣；在新编潮剧《幸福山》中饰演狐狸，并以独出心裁的形象，获得会演"百花齐放，推陈出新"表演奖。

7月，加入海南歌舞团，开始一生的舞蹈艺术事业。

1954年 （16岁）

海南歌舞团由海口迁到黎族苗族自治区首府通什，并改名为海南民族歌舞团。

1956年　（18岁）

2月，为参加全国少数民族专业团体调演，到东方县西方乡西方村体验生活，第一次参加当地的民俗活动"三月三"。完成了处女作《三月三》，合作编舞刘选亮，马明作曲，洪流配器。

是年，在中央民族歌舞团短期学习，芭蕾课老师是芭莱诺娃夫妇，现代舞老师是著名的"新舞蹈艺术运动"先驱吴晓邦。

1957年　（19岁）

处女作《三月三》作为表演节目参加苏联莫斯科第六届世界青年与学生和平友谊联欢节。

1958年　（20岁）

创作《草笠舞》。

1962年　（24岁）

3月3日，与刘选亮结为夫妻。

是年，《草笠舞》获得芬兰赫尔辛基第八届世界青年与学生和平友谊联欢会金质奖章。

1965年　（27岁）

因身体极度虚弱，被组织安排到从化温泉疗养院疗养，同时疗养的有著名电影导演蔡楚生、琴师李门等。

1971年　（33岁）

接上级的创作任务，离开"五七"干校，进行创作准备工作，最终完成"富有春天气息"的作品《胶园晨曲》。

1971年　（33岁）

创作黎族舞蹈《喜送粮》，舞蹈一经公演立即轰动全国，参加了当年天安门国庆游行。自此，每年的劳动节、国庆节，在北京中央公园和劳动人民文化宫举行的欢庆舞台上，《喜送粮》成为必演的节目。它与同样有着广泛影响的藏族舞蹈《洗衣歌》，成为70年代标志性的舞蹈。

1979年　（41岁）

创作完成《踩波曲》。

1980年　（42岁）

创作黎族儿童舞蹈《摸螺》，作品获得首届广东省鲁迅文学艺术奖一等奖、广东省儿文艺童作品一等奖。

1982年　（44岁）

为了民族舞蹈事业的更好发展，在克服了重重困难之后，将海南民族歌舞团搬迁至广州，并改名为广东省民族歌舞团。1989年，根据时任文化部部长周巍峙的意见，改名为南方歌舞团。

1982年　（44岁）

加入中国共产党。

加入北京《中国革命之歌》编创组，负责第五场《十一届三中全会到十二大》中的"海底焊花"舞段。编创组组长周巍峙，副组长乔羽。

1983年　（45岁）

荣获中华全国妇女联合会"三八红旗手"称号。

1985年　（47岁）

出席中国舞蹈家协会第五次会员代表大会。

1988年　（50岁）

成立南方少女舞蹈团。

1989年　（51岁）

10月2日，黎族神话舞剧《龙子情》在广州友谊剧院首演。该剧由陈翘任艺术指导，重华与刘选亮担负编创，总导演刘选亮。舞剧《龙子情》荣获广东省建国40周年优秀作品一等奖。

1990年　（52岁）

陈翘从艺40周年晚会隆重举行。时任文化部党组书记、代部长、诗人贺敬之亲笔题写贺词：向坚持正确方向四十年来为民族舞蹈事业做出重要贡献的人民舞蹈家陈翘同志致敬。

1992年　（54岁）

与刘选亮合作完成大型歌舞《潮汕赋》。

荣获"广东省优秀中青年专家"称号。

1994年　（56岁）

《草笠舞》获"中华民族20世纪舞蹈经典"金像奖；《摸螺》获"中华民族20世纪舞蹈经典"提名奖。

1995年　（57岁）

5月，任第三届全国舞蹈（独、双、三人舞）比赛复赛、决赛评委。

1996年　（58岁）

12月，参加中国文学艺术界联合会第六次全国代表大会。

1997年　（59岁）

7月，任中国青少年艺术大赛第五届"桃李杯"舞蹈比赛组织委员会顾问。

1997年 （59岁）

任海峡两岸国际标准舞精英友好邀请赛组委会主任。

1998年 （60岁）

3月，任中国人民政治协商会议第九届全国委员会委员。

1998年 （60岁）

担任首届中国舞蹈"荷花奖"评委。

2000年 （62岁）

11月，任广东省人民对外友好协会第七届理事会特邀理事。

2001年 （63岁）

担任"丽华杯"国际标准舞全国公开赛组委会主任。

2001年 （63岁）

9月，担任首次由政府主办的全国性专业舞蹈大赛"第五届全国舞蹈比赛"评委。

2004年 （66岁）

9月，担任第十一届文化部文华奖评委。

10月，担任首届中国少儿舞蹈艺术节舞蹈比赛评选工作领导小组成员。

2005年 （67岁）

提出"岭南舞蹈"的概念，并于当年主办了"广东省首届岭南舞蹈大赛"。"岭南舞蹈"的提出，对广东省舞蹈创作与研究具有里程碑的意义。2018年举办第六届岭南舞蹈大赛。

2005年 （67岁）

11月，担任第五届中国舞蹈"荷花奖"评委。

2006年 （68岁）

9月，担任全国歌舞、杂技主题晚会优秀剧目展演评委。

2007年 （69岁）

4月，被聘为广东省非物质文化遗产保护工作专家委员会委员。

9月，入选由羊城晚报评选的"读者喜爱的当代岭南文化名人50家"。

11月，担任第六届中国舞蹈"荷花奖"民族民间舞比赛评委会执行主任。

11月，接受台湾"人类舞蹈学讲学"活动主办者刘凤学博士的邀请，赴台参加研讨会，并发表主题演讲"从黎族生活中提炼舞蹈主题、结构与动作"。

是年除夕，数以亿计的中国观众通过中央电视台春节联欢晚会，重新欣赏了30多年前的舞蹈经典《喜送粮》。

2009年 （71岁）

9月，担任第七届中国舞蹈"荷花奖"民族民间舞比赛评审委员会主任。

11月，在中国舞蹈家协会成立60周年大会上，荣获"卓越成就奖"称号。

2010年 （72岁）

7月6日，由广东省委宣传部、省文化厅、省文联、中国舞蹈家协会共同主办，广东省舞蹈家协会、南方歌舞团承办的"著名舞蹈家陈翘从艺60周年"座谈会在广州星海音乐厅隆重举行。

12月，荣获广东省首届文艺终身成就奖。

2011年 （73岁）

2月，担任首届亚太国际艺术大赛香港总决赛评委。

2012年 （74岁）

2月，担任第四届全国少数民族文艺会演剧（节）目遴选评委。

2012年 （74岁）

4月，被授予海南省东方市荣誉市民。

2013年 （75岁）

3月，出席第一届海峡两岸暨港澳地区艺术论坛。

2014年 （76岁）

1月，荣获第九届中国舞蹈"荷花奖"终身成就奖。

7月，任"海外桃李杯"第四届国际舞蹈大赛评委。

2016年 （78岁）

7月2日，中央电视台主办的"光荣绽放——十大舞蹈家舞蹈晚会"
上，邀请了十位最具有代表性的舞蹈家，他们是：贾作光、彭松、陈爱
莲、赵青、白淑湘、刀美兰、吕艺生、崔善玉、陈翘、莫德格玛。晚会
回顾了中国舞蹈历史进程的同时，见证了优秀舞蹈艺术的传承。对陈翘
的介绍是：在人们眼中，她被称为"黎族舞蹈之母"，与舞蹈家贾作光
先生合有"北贾南陈"的美誉。